나는
공모전으로
연봉 천만 원
올린다

나는 공모전으로 연봉 천만 원 올린다

초판 1쇄   2015년 07월 15일

지 은 이   임인종
발 행 인   김영희

기획·마케팅   신현숙, 권두리
편   집   최은정
디 자 인   박성민

발 행 처   ㈜에프케이아이미디어(프리이코노미라이프)
등 록 번 호   13-860호
주   소   150-881 서울특별시 영등포구 여의대로 24 전경련회관 44층
전   화   출판콘텐츠팀 | 02-3771-0250, 영업팀 | 02-3771-0245
홈페이지   http://www.fkimedia.co.kr
팩   스   02-3771-0138
E - m a i l   tokyobulls@fkimedia.co.kr
I S B N   978-89-6374-094-2 03320
정   가   14,000원

이 도서의 국립중앙도서관 출판예정도서목록(CIP)은 서지정보유통지원시스템 홈페이지(http://seoji.nl.go.kr)와 국가자료공동목록시스템(http://www.nl.go.kr/kolisnet)에서 이용하실 수 있습니다. (CIP제어번호 : CIP2015018728)

직장인은 힘들다는 편견을 버려라!
한 번 해보면 계속 빠져드는 **공모전 투잡**

나는
공모전으로
연봉 천만 원
올린다

임인종 지음

프리이코노미라이프

통장과 경력을
풍요롭게 해준 '공모전'

공모전과의 인연은 순전히 우연이었다. 대학 4학년 2학기, 취업 때문에 고민이 많던 시기에 만난 한 선배로부터 "공모전 하나만 잘해내도 취업에 큰 도움이 될 거야"라는 말을 듣게 되었다. 바로 그 말이 계기가 되어 급작스럽게 공모전을 준비하기 시작했다.

대학생이 주도적으로 참여할 수 있으면서 취업에 도움이 될 법한 공모전을 고르려고 노력했다. 그때 참여할 수 있는 공모전이 이렇게나 다양하다는 것을 처음 알았다. 그렇게 생전 처음 직접 검색을 통해 선택한 공모전은 한나라당(현재 새누리당)에서 개최한 「전국 대학(원)생 논문 공모전」이었다. 정치에 별 관심도 없던 나였지만 한 달 동안 관련 서적과 논문 수십 권을 읽으면서 공모전 준비에 매달렸고, 마침내 ≪사이버 정치의 활성화 방안≫이라는 제목의 논문을 작성하여 제출했다.

처음으로 도전한 공모전에서 운 좋게 우수상을 수상했다. 상금 70만 원이 주어졌고 당시 대선주자였던 이회창 후보와 면담할 수 있는 기회도 얻었으며 입당까지 제의받는 등 공모전의 엄청난 혜택을 직접 체험했다. 이후 공모전이라는 신세계에 빠져들면서 매일경제신문사, 소니코리아, 경기도청, 중소기업진흥공단, 한국경제신문사, 새마을금고 등 수많은 기업과 기관에서 주최하는 공모전에서 수상했고 현재 100여 개의 수상 실적을 보유하기에 이르렀다. 비교적 이른 시기에 공모전을 접한 덕분에 상금, 취업, 성취감, 인적 네트워크 등 많은 혜택을 누릴 수 있었다.

그중에서 가장 큰 혜택을 받았다고 할 수 있는 부분이 상금과 취업이다. 그래서 이 두 가지 혜택에 관심 있는 사람들, 특히 돈과 경력에 고민이 많은 직장인들과 지금껏 쌓아온 공모전 노하우를 공유하기 위해 이 책을 집필하였다.

상금은 대학생이든 직장인이든 누구에게나 중요한 요소다. 최근 아르바이트 전문포털 '알바천국'이 만 20세 이상 구직자 1,341명을 대상으로 한 '투잡 현황' 조사에서 직장인 중 86.2퍼센트가 투잡 경험이 있다는 결과가 나왔고 그 이유도 절반 이상이 '생활비 부족'이었다. 공모전의 상금이 적게는 수십만 원에서 크게는 천만 원이 넘는다는 것을 안다면 투잡족들에게 공모전은 대단히 큰 매력으로 다가올 것이다. 필자의 경우 회사업무와 공모전을 병행하며 웬만한 투잡 못지않은 수익을 얻었다.

또한 주요 대기업과 공공기관에서 개최하는 공모전의 공고문을 잘 살펴보면 수상자에게 입사 혜택(특채, 서류전형 면제, 인턴십 등)이 있는 것을 쉽게 찾아볼 수 있다. 공모전은 최근 취업준비생들이 필수적으로 갖춰야 할 '취업 5종 세트'(어학연수, 공모전, 인턴, 봉사활동, 자격증을 가리키는 신조어)에 포함되어 대학생들에게는 그 중요성을 강조하지 않아도 아주 잘 알려져 있는 활동이기도 하다.

나는 공모전이 직장인들에게 본인의 경력을 관리하고 이직을 준비함에 있어 유효한 도구가 될 수 있다는 것을 말해주고 싶다. 첫 직장인 현대정보기술은 공모전을 통해 상금을 받고 특채로 입사했고, 두 번째 직장인 KT는 공모전을 통한 특별채용으로 너무나 쉽게(?) 입사하였다. 세 번째 직장인 엑센츄어Accenture와 재직 중인 회사 역시 공모전 경력이 있었던 덕분에 서류전형과 면접에서 좋은 평가를 받고 이직할 수 있었다.

이런 과정을 거치면서 공모전이 대학생들만의 전유물이 아니라 직장인한테도 유용하다는 것을 실감했다. 조금씩 '참 좋은데, 설명할 방법이 없네'라는 심정이 들기 시작했다. 그런 생각이 들기 시작하면서 수백 개의 공모전에서 약 100번의 수상 경력을 통해 얻은 노하우를 이제야 '공모전 방법론 10단계'로 정리하게 된 것이다.

공모전은 취업을 준비하는 대학생뿐 아니라 나와 같은 직장인들에게도 재테크와 경력테크라는 두 가지 토끼를 잡을 수 있는 어렵지 않은 수단이다. 때문에 이 책에서는 대한민국의 모든 직장인들에게 본업과 더불어 안전하고 손쉬운 투잡을 통한 재테크와 지속적인 자기계발을 통한 경력테크를 동시에 달성하는 최고의 방안인 공모전의 구체적인 방법과 전략을 제시하고자 한다.

　마지막으로 창의적인 자질과 역량을 주신 아버지와 어머니, 집필 내
내 내조에 힘써준 사랑하는 아내와 귀여운 딸 그리고 출판 기회와 더불
어 집필 가이드라인을 제시하고 지원해주신 FKI미디어의 관계자 여러분
께 깊이 감사드린다.

2015년 7월

직장인 임인종

시작하며

1

CHAPTER

공모전 파헤치기(이해편)

2

CHAPTER

직장인 공모전 성공사례(완성편)

3
CHAPTER

공모전 완벽대비(실전편)

4
CHAPTER

공모전 다시보기(정리편)

나오며

[부록]

CHAPTER 1

공모전 파헤치기
- 이해편 -

회사 사무실의 옆자리 동료가, 혹은 다른 팀의 10년차 팀장이, 아니면 갓 들어온 어리바리 신입사원이 당신이 모르는 동안 혹시 투잡을 하고 있었다는 사실을 아는가?

어느 날 회식 후 대리기사를 불렀는데 전 직장에서 모시던 부장님이 나타나서 놀랐다. 알고 보니 아이들은 커가고 들어갈 돈은 많은데 생활비가 부족해서 투잡을 뛰고 있었더라, 하는 이야기는 이제 흔하게 볼 수 있는 이야기처럼 들린다. 이런 경우는 경제적인 여유가 없는 극단적인 생계형 투잡이지만, 사실 최근에는 먹고살 돈이 부족해서라기보다 자아실현을 이루기 위해 도전하는 이른바 '자기계발형' 투잡이 많아지고 있는 추세다. 실제 한 취업사이트의 조사자료(2013)에 따르면 투잡 선택의 기준은 '직무지식 응용·발전'(22.6%)이라는 결과가 나타나 흥미롭다.

재택근무 등 편리성 1,093명(21.7%), 취미와 관심사 983명(19.5%), 단순함 769명(15.3%), 단기간 고수입 514명(10.2%), 새로운 기술 습득 418명(8.3%)으로 나타났다.

직장인들이 투잡을 하는 주된 이유와 선택의 기준을 살펴보면 '돈(재테크)'과 '경력(경력테크)'이라는 두 가지 단어로 함축된다. 이 두 가지를 모두 달성함은 물론 부가적인 혜택까지 누릴 수 있는 것이 바로 공모전이다.

서론이 길었다. 곧바로 공모전이 왜 직장인에게 종합선물세트라고 할 만큼 최고의 투잡이 될 수 있는지 하나씩 풀어보도록 하자.

공모전으로 연봉 1,000만 원 올리기가 가능한 이유

공모전이라는 말을 들었을 때 가장 먼저 떠오르는 단어는? 아마도 공모전을 해보고 싶다거나 여러 공모전 중에 하나를 선택하려는 사람이라면, 가장 크게 관심을 두고 보는 기준이 바로 상금의 액수가 아닐까 한다. 해마다 개최되는 공모전의 수가 늘고 있는 추세에 따라 각 공모전에 걸린 상금의 액수 또한 비약적으로 증가하고 있다.

대학생들에게는 잘 쓴 논문 하나면 열 아르바이트가 부럽지 않을 정도로 상금의 유혹은 강렬하다. 실제로 한 취업사이트에서 대학생을 대상으로 한 조사에 따르면 공모전을 선택하는 이유로 높은 시상금 (55.5%)이 1위를 차지했다.

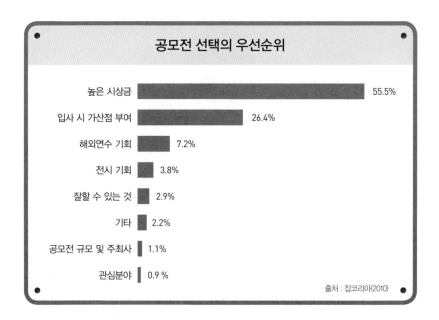

공모전 선택의 우선순위

항목	비율
높은 시상금	55.5%
입사 시 가산점 부여	26.4%
해외연수 기회	7.2%
전시 기회	3.8%
잘할 수 있는 것	2.9%
기타	2.2%
공모전 규모 및 주최사	1.1%
관심분야	0.9 %

출처 : 잡코리아(2010)

이처럼 높은 시상금은 대학생뿐 아니라 직장인에게도 눈이 번쩍 뜨일 만한 매력적인 부분이 아닐 수 없다. 그렇다면 공모전에서 상금 좀 받아봤다 하는 수준의 사람들의 수입은 어느 정도일까? 우선 나의 경우 10여 년 동안 받았던 공모전 상금을 모두 계산해보니 약 1억 5천만 원에 달하는 액수였다. 대략적으로 연간 1,000만 원 이상의 소득을 올린 것이다. 또한 해당 기간 동안 계속 직장을 다니면서 공모전에 참여했으니 진정한 '효자투잡'으로 공모전을 활용한 셈이다.

이는 나만의 이야기가 아니라 이 책을 읽고 있는 사람이라면 누구나 실현 가능하다. 그냥 쉽게 하는 말이 아니라는 것은 다음의 계산을 보면 알 수 있다.

위의 공식을 보면 2014년에 총 85개의 공모전이 개최되었고, 상금이

2014년 아이디어 공모전 개최 수 : 85개

최저 상금 평균 : 6,366만 원 ÷ 85개 = 75만 원

최고 상금 평균 : 31,890만 원 ÷ 85개 = 375만 원

최저/최고 상금 평균 : (75 + 375) ÷ 2 = 225만 원

[부록] '2014년 아이디어 공모전 현황' 참조

적게는 수십만 원에서 많게는 1,000만 원이 넘는다. 최저와 최고의 상금 평균을 각각 구하고 다시 그 둘의 평균을 구하면 공모전 한 개당 받을 수 있는 상금의 평균은 225만 원이라는 계산이 나온다. 즉, 한 해에 다섯 개 정도의 공모전만 수상하면 1,000만 원을 상회하는 돈을 벌 수 있다는 것이다.

물론 대략적인 계산이므로 정확한 수치화는 어려울 수 있다. 하지만 계산을 한 대상이 8대 공모전 분야 중 하나인 아이디어 공모에 국한되어 있고 그 외에 찾지 못한 아이디어 공모전까지 더한다면 상금의 평균은 더 높아질 것이다.

직장인들이 월급 외에 다른 곳에서 돈을 벌려면 자신의 재능을 활용하는 것이 아니고서는 일반적으로 프랜차이즈나 상가 등에 공동투자를 하기 위한 투자금이 필요한 경우가 많다. 그래서 몇몇 사람들이 의기투합해서 공동투자를 했다가 공동으로 망하거나 사이가 벌어지는 경우를 주변에서 종종 볼 수 있다.

하지만 공모전은 이러한 초기의 투자비용이 거의 들지 않는다는 것

이 가장 큰 강점이다.

공모전도 도서구입비(공공도서관에서 빌리면 이것조차도 들지 않음)나 인쇄비를 제외하고는 거의 들어갈 돈이 없으므로 무자본, 머리를 좀 쓰는 것 말고는 특별한 기술이 필요 없기에 무기술, 공모전 개최 시기별로 트렌드가 달라지므로 상황에 맞는 아이디어 생산 측면에서 무계획이라는 특징을 갖는다.

이처럼 투자비용 없이 안전하고 깨끗하게 고소득의 수익을 얻을 수 있는 공모전이야말로 무엇보다 똑똑한 재테크로서 그 가치가 매우 높다고 할 수 있다.

이뿐만이 아니다. 재테크를 하면서 저절로 경력테크까지 되는 것이 공모전이다. 경력관리와 이직, 승진 때문에 고민하는 직장인에게 공모전은 '이보다 더 좋을 순 없다.'

02

공모전으로
이직하는 방법

취업하고 직장인이 되면 공부가 끝인 줄 알았건만 여전히 공부는 끝이 없다. 현재 다니는 회사의 업무 실적이나 자기 만족을 위해 자기계발을 하는 직장인도 있지만 많은 직장인이 이직이나 전직을 이유로 자기계발에 열을 올리고 있다.

일반적으로 직장생활을 하는 10년 동안 평균 3회 정도 회사를 옮긴다고 한다. 실제 직장인 368명을 대상으로 한 설문조사(잡코리아, 2012)에 따르면 74.7퍼센트의 응답자가 이직을 준비 중인 것으로 나타났다. 직장인들은 늘 더 나은 연봉과 환경에 대한 갈망으로 이직을 준비하고 있다.

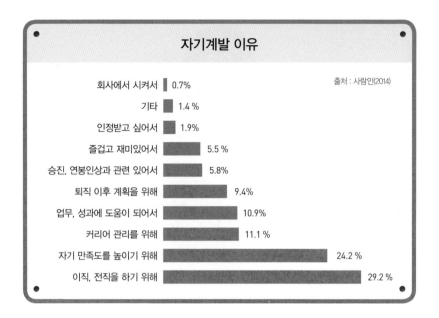

자기계발 이유

출처 : 사람인(2014)

항목	비율
회사에서 시켜서	0.7%
기타	1.4 %
인정받고 싶어서	1.9%
즐겁고 재미있어서	5.5 %
승진, 연봉인상과 관련 있어서	5.8%
퇴직 이후 계획을 위해	9.4%
업무, 성과에 도움이 되어서	10.9%
커리어 관리를 위해	11.1 %
자기 만족도를 높이기 위해	24.2 %
이직, 전직을 하기 위해	29.2%

한편 한 기관의 조사결과에 따르면 회사가 경력직을 채용할 때 가장 중요하게 평가하는 기준이 '직무능력'이었다. 그렇다면 이직을 하기 위해서 우리는 어떤 준비를 해야 하는가?

공모전은 자신의 능력과 직무능력을 한 번에 보여줄 수 있는 가장 빠르고 좋은 방법이다. 경력관리나 이직을 위해 공모전을 준비하는 사람들은 입사지원 시 가산점을 부여하거나 서류전형 무조건 통과, 혹은 수상자 특채와 같은 혜택이 있는 공모전을 잘 찾아보아야 한다.

자신이 들어가고 싶은 회사의 공모전이나 자신이 하고 싶은 일과 관련된 공모전에서 입상을 한다면 다른 경쟁자에 비해 유리한 위치에 설 수 있다. 요즘 기업들은 의도적으로 인재를 고용하기 위해 수상자들에게 서류전형 면제나 면접 시 가산점 부여 등 실질적인 특전들을 제공하고 있다.

앞서 서문에서 언급했지만, 나 역시 첫 직장인 현대정보기술은 신사업 공모전을 통한 300만 원의 상금을 받고 특채로 입사했다. 취업 후에도 꾸준히 공모전에 참여했고, 경력관리를 위해 이직을 준비하고 있을 즈음, KT에서 전국의 공모전에서 입상한 경험자를 특별채용하는 제도가 있어 너무나 쉽게(?) 첫 이직을 할 수 있는 기회를 맞았다. 세 번째 직장인 글로벌 컨설팅 회사 엑센츄어^{Accenture} 역시 「소니코리아 IT 논문 공모전」, 「산업자원부 산업기술 공모전」 등 IT산업과 관련된 공모전 경력이 서류전형과 면접에서 좋은 평가를 받아 경력직으로 이직할 수 있었다.

> 66 지식 근로자들은 그들의 고용 기관보다 더 오래 살게 될 것이라는 예측을 할 수 있게 되었다. 그에 따라 남은 인생의 후반부를 위해 새로운 경력을 쌓고, 새로운 기술을 익히며, 정체성을 새롭게 확립하고, 더 많은 새로운 관계를 개발해야 한다는 사실도 깨닫게 되었다.
>
> 피터 드러커, 『프로페셔널의 조건』 99

피터 드러커의 조언처럼 새로운 경력, 기술, 관계 등을 만들기 위해서는 남들과 똑같은 방식을 좇는 것이 아니라 나만의 차별화된 경력관리를 위한 전략을 수립해야 한다.

구직이든 이직이든 내가 이 회사에 들어가기 위해서, 아니면 내가 평소 이 직무에 종사하기 위해 얼마나 노력을 기울였느냐가 관건인 것이다.

03

자신감과 성취감을
느끼고 싶은가

> ❝ 자신이 특별한 인재라는 자신감만큼 그 사람에게 유익하고 유일한
> 것은 없다.
>
> 데일 카네기, 『카네기 인간관계론』 ❞

　　상금도 좋고 경력도 좋지만 무엇보다도 공모전을 통해 얻을 수 있는
가장 소중한 것은 바로 자신감이라고 생각한다. 결과 발표일에 수상자
명단에서 자신의 이름을 확인했을 때 느끼는 성취감은 경험해본 사람
만이 알 수 있을 것이다. 고된 노력의 땀방울로 완성된 작품이 공모전에

서 좋은 결과를 나을 때, 비로소 자신의 능력에 대한 확신과 긍지가 생기는 것이다.

어떤 사람은 공모전 수상이 뭐 그리 대단한 일이냐고 할 수도 있다. 그렇다면 당신이 생각하는 대단한 일은 무엇이냐고 되묻고 싶다. 우리가 일반 직장인으로 살면서 일한 만큼 대가를 받고 희열을 느끼거나 성취감을 맛보기란 쉽지 않을 것이다.

게다가 현재 직장인들에게 진급, 이직, 자기계발 등을 위한 관련 분야 공부는 필수다. 이때 자신이 종사하는 산업·업종과 관련된 공모전에 도전하면 해당 분야의 동향에 대한 자료(서적, 보고서, 신문기사 등)를 검색하고 읽게 된다. 다양한 아이디어를 내고 기존 자료들과 연결시키는 기획서를 작성하는 과정에서 자연스럽게 공부가 될 것이다. 그것도 재미난 공부가 말이다. 이런 과정을 거쳐 좋은 결과를 얻으면 말로 표현하지 못할 성취감을 느낄 수 있다. 나아가 이것은 또 다른 공부에 대한 강력한 동기부여를 하는 선순환 구조를 형성하게 된다.

> 공부는 평생 해야 하는 일이며 살아가는 것 그 자체다. 선비들이 참 공부라고 했던 그 깊은 의미가 이 시대에도 변함없이 통하고 있다. 죽을 때까지 해야만 하는 가장 가치 있는 일. 그것이 바로 공부다.
>
> 이시형, 『공부하는 독종이 살아남는다』

공모전은 자신이 생각하는 목표가 무엇이든 그 목표를 달성하기 위해 달려가는 과정에서 작은 성공의 체험을 맛볼 수 있다. 그리고 그러한 작은 성공들이 축적되어 큰 성공을 이룰 수 있는 역할을 해줄 것이다.

> 목표라는 것이 세상을 변화시킨다거나 위대한 결실을 이루어야만 되는 것으로 착각하고 있다. 그래서 그들은 소중히 다루어야 할 작고 아름다운 열매들을 하찮은 것으로 여기고 방치하게 된다. 큰 것은 작은 것들의 모음으로 이루어진다.
>
> 데일 카네기, 『작은 성공으로 시작하라』

상금보다
짭짤한 부상들

설마 지금까지 이야기한 혜택들이 공모전의 전부라고 생각하면 큰 오산이다. 공모전에서 입상하면 기본적으로 상금을 받지만 이것이 전부가 아닌 공모전들도 많다. 상금 이외에도 해외탐방, 특허지원 등의 부상을 제공하는 공모전도 있다.

특히 해외탐방 혹은 해외연수는 여행경비로 따지면 상금보다도 더 큰 경우가 있어 수상자들의 기쁨은 몇 배로 커진다. 누군가에게는 돈보다 훨씬 더 좋은 경험을 얻어갈 수 있다. 또한 이런 경험이 경력에도 분명 플러스가 된다는 것이다.

단, 부상으로 해외탐방을 제공하는 공모전 대부분이 참가자격을 대학(원)생으로 제한하고 있어 일반 직장인이 참여하는 데 한계가 있다. 하지만 대학원에 진학하여 회사와 학업을 병행하고 있다면 이러한 한계도 극복할 수 있다.

☑ 해외탐방 부상 제공 공모전

공모전명	해외탐방 내용	주최	대상
창조관광사업	대상 수상자 해외 벤치마킹 기회 부여	한국관광공사	일반인
아모제푸드 외식 아이디어 공모전	대상/최우수상 수상자에게 싱가포르 해외연수	아모제푸드	대학(원)생
청년 에너지 프로젝트 공모전	상위 두 팀 인도, 영국, 체코 등 해외탐방	두산중공업	대학(원)생
동부 금융제안 공모전	여섯 팀 미국 뉴욕과 보스톤 등으로 선진 금융산업 현장 견학	동부문화재단	대학(원)생

또한 최근 공모전 제안자의 아이디어 보호가 강조되면서 정부부처에서 개최하는 공모전을 중심으로 특허출원을 지원해주는 공모전들이 생기고 있다. 공모전 상금과 더불어 무상으로 본인의 아이디어를 특허로 출원·등록할 수 있는 기회를 얻을 수 있는 것이다.

☑ 특허출원 지원 공모전

공모전명	특허출원 내용	주최
아이디어 공모전 "신기해"	최우수상/우수상 대상 특허출원 지원	미래창조과학부
생활발명코리아	선정작 40건 대상 디자인 개발 및 시제품 제작, 지식재산권 출원 등	한국여성발명협회
서울 시민 발명 아이디어 공모	우수작 10건 대상 고도화 컨설팅, 특허출원, 아이디어 3D시뮬레이션 구현 서비스 등	서울시
바이오헬스 분야 비즈니스 아이디어 공모전	입상 이상 아이디어에 대한 권리 지원	충북 테크노파크

공모전 대부분이 수상자들에게만 혜택이 돌아가는 경우가 많은 것이 사실이다. 하지만 일부 공모전에서는 수상 여부에 상관없이 참가자 모두에게 기프티콘, 문화상품권, 영화관람권, 기념품 등을 제공하기도 한다.

NQ 팍팍 올리기

컨설팅회사 프라이스 워터하우스 쿠퍼스^{PwC}의 컨설턴트 존 팀펄리^{John} ^{Timperley}는 "내 꿈을 가장 빠르고 효과적으로 이루는 길은 내게 도움을 줄 수 있는 사람과 연결기반을 마련하는 것"이며 "이제는 무엇을 아느냐 ^{know-how}가 아니라 누구를 아느냐^{know-who}가 더욱 중요한 시대"라고 말했다.

또한 동국대 신문방송학과 김무곤 교수는 그의 저서 『NQ로 살아라』 에서 '혼자 노는 백로보다 함께 노는 까마귀가 낫다'는 말로 NQ를 표현 했다.

NQ(Network Quotient, 공존지수)가 높아야 잘살 수 있는 시대다. IQ, EQ가 회자되던 시대에서 이제 NQ가 주목받는 시대로 바뀌고 있다.

일하면서 만나는 사람과 관계를 잘 형성하는 사람이 이긴다는 말이다.

> 옛날 중국에서는 세 가지의 기를 습득한 자가 제왕이 될 수 있다고 했다. 첫 번째는 천기天氣로서, 하늘의 기를 붙잡는 것이다. 두 번째는 지기地氣로서, 땅의 기를 붙잡는 것이다. 세 번째는 인기人氣로서, 사람의 기를 붙잡는 것이다. 이 세 가지의 기를 붙잡는 방법을 터득해야 제왕이 될 수 있다는 것이다. 그중에서도 가장 어려운 것이 '인기'다. 여기서 말하는 '인기'란 넓은 의미로 '인맥'을 뜻한다. 결국 제왕은 하늘과 땅, 그리고 사람이 만드는데, 그중에서도 가장 든든한 인맥을 가진 자가 제왕의 자리에 오를 수 있다.
>
> 나카지마 다카시, 『일 잘하는 사람들의 인맥 만들기』

성공에 필요한 중요 요소로 떠오르고 있는 NQ지수를 빠르고 쉽게 올릴 수 있는 방법 또한 공모전에 있다. 최근에는 공모전 개최기관에서 수상자 커뮤니티를 운영하여 네트워크를 형성할 수 있게끔 기반을 만들어놓고 있다. 조금만 노력한다면 준비하는 과정에서 만나는 해당 기업 담당자들과도 인연을 맺을 수 있다. 다양한 인적 네트워크 형성은 상금, 경력 못지않은 공모전의 혜택인 것이다.

만약 상을 받게 된다면 대부분 개최사나 후원기관의 대표가 시상을 하므로 평소 만나기 어려운 높으신(?) 분들을 만나 기념사진을 찍는 영광(?)도 맛볼 수 있다.

쉽게 창업하는
빠른 방법

> 나는 리마커블한 아이디어가 부족하다고 생각하지 않는다. 당신의 사업에는 성공할 수 있는 좋은 기회가 많다고 생각한다. 그래, 부족한 건 아이디어가 아니다. 그런 아이디어를 실행에 옮기려는 의지가 부족한 것이다.
>
> 세스고딘, 『보랏빛 소가 온다』

혹시 길을 걷다 문득, 또는 화장실에서 번쩍, 돈이 되는 기발한 아이디어가 떠오르지는 않았는가? 그렇다면 무심코 흘려버릴 것이 아니라 그 아이디어를 발전시켜 창업 공모전에 도전해보자. 창업을 하기에는 돈도, 인맥도 없어 상심하고 있는 이에게 창업 공모전은 아이디어를 실행에 옮길 수 있는 에너지가 넘치는 기회이다.

회사를 그만두고 새로운 삶을 찾고자 하는 사람에게 창업 공모전은 여러 가지 시사점을 제시해준다. 우선 창업 공모전에서는 제출한 사업 아이템을 전문가가 평가하기 때문에 사업성에 대한 검증을 미리 해볼 수 있다. 또한 창업자금은 기본이고 특허출원, 시제품 제작, 마케팅, 사무공간까지 지원해주는 공모전도 많다.

실제로 2009년부터 매년 개최하고 있는 창업 공모전 「소셜벤처 경연대회」에서 상을 받은 후 성공적으로 창업한 이들이 있다. 2009년 창업 부문에서 대상을 수상한 '공부의 신'(자기주도학습), 2010년도 청년창업 부문에서 대상을 수상한 '딜라이트'(보급형 보청기) 등은 해당 공모전에서 제공하는 부문별 맞춤형 멘토링, 사업화 등의 지원을 통해 성공적으로 창업하였고 현재도 계속 성장 중이다.

보다시피 창업을 위한 자금과 기회를 제공하는 창업 공모전이 생각보다 많으므로 회사를 그만두고 퇴직금으로 회사를 차리겠다고 생각하는 사람들은 다음 표를 꼭 참고하기 바란다.

☑ 창업 공모전 현황(2014년 기준)

공모전명	시상내역	주최
대한민국 창업리그 – 슈퍼스타 V	• 상금 : 1,000만 원~1억 원 • 시제품 제작비 • 창업 멘토링 • 투자유치 지원(IR 설명회 개최) • 해외 창업연수 • 창업맞춤형사업 연계 지원	창업진흥원
Y–CON 2014 콘텐츠창업열전& 무한상상열전	• 상금 : 50만 원~1,000만 원 • Y–CON 기간 중 전시부스 제공	문화체육관광부外
글로벌 창업 아이디어 경진대회	• 상금 : 50만 원~200만 원 • 해외탐방 특전 제공 • 창업자금 투자기회 제공 • 창업보육센터 입주 신청 시 가산점 부여	한양대학교 글로벌기업가센터

스타트업
융합 콘텐츠
아이템 경진대회
	• 상금 : 200만 원~800만 원
	• 입상자 전원에 스마트 콘텐츠 창조마당 입주 지원 시
	  가점 혜택
	• 사후지원 프로그램을 통해, 창업화를 위한 멘토링
	  지원, 홍보 마케팅 지원
		한양대학교
		글로벌기업가센터

여성 희망창업 공모전	• 상금 : 100만 원~500만 원 • 창업지원금 : 2,000만 원~5,000만 원 • 창업 및 세무 관련 재능기부 연계	kt 그룹 희망나눔재단
정주영 창업경진대회	• 상금 : 100만 원~2,000만 원	아산나눔재단
BIO창업 아이디어 경진대회	• 상금 : 25만 원~500만 원	한국보건산업진흥원
창조관광사업 (관광벤처) 공모전	• 상금 : 20만 원~300만 원 • 최종 심사(40개) 사업 대상 투자전문가 등이 베팅 방식에 의해 각 사업의 시상금 결정	한국관광공사
스마트프로덕트 창업경진대회	• 상금 : 100만 원~200만 원 • 창업센터 우선 입주 및 무료 창업 지원 • 창업 관련 분야 전문가 무료 상담/컨설팅/교육 지원	산업통상자원부外
소셜벤처 경연대회	• 상금 : 200만 원~2,000만 원	고용노동부

" 공모전은 '작품의 아이디어를 공개적으로 모집하는 과정'이다. 사실 불과 수십 년 전만 해도 공모전은 단어조차도 생소한 분야였다. 게다가 특정한 미술, 디자인, 광고, 학술 등 전문 분야에 종사하는 자들에게만 통용되는 단어일 뿐이었고, 공모전의 종류도 그다지 많지 않았다. 그런데 2000년대 들어서면서 바야흐로 '공모전 왕국'의 춘추 전국 시대가 도래하게 된다. 불과 몇 년 사이에 공모전의 양적 규모가 급속하게 팽창하기 시작한 것이다.

기업들의 사회 기여도와 시장점유율이 급격이 높아지면서 그만큼 다양한 형태의 마케팅, 홍보, 인재 발굴을 위한 전략이 나타나고 있다. 공모전 역시 그 일환 중에 하나로 점점 더 다양하고 새로워지고 있는 것이다. 각종 공모전 사이트의 기업공모전 현황을 분석해보면 2014년 한 해에만 실시된 공모전의 수가 대략 3,000개를 훌쩍 넘어설 것으로 추정된다. 통계 자료만 봐도 놀랄 만큼 공모전의 규모가 커졌다는 것을 알 수가 있다. 이처럼 날이 갈수록 달라지는 공모전의 위상과 중요성에 대해 한번 파헤쳐 보고자 한다. "

공모전을
왜 개최할까

공모전을 한 번 개최하는 데 드는 비용은 얼마나 될까? 최근에는 상금의 액수가 높아져서 규모가 큰 공모전은 상금 총액만 하더라도 무려 5,000만 원에 육박한다. 공모전 대부분은 기업 내부의 인사팀이나 홍보팀, 기획팀 인력으로 운영되지만 일부 기업에서는 업무의 효율성을 높이기 위해 따로 공모전 운영을 담당하는 사무국을 설치하기도 한다. KT&G, 포스코, 현대자동차 등 일부 기업들은 효율적인 공모전 운영과 적극적인 공모전 행사를 지원하고자 별도로 운영 사무국을 두고 공모전을 관리하고 있다.

게다가 공모전 심사에 공정성을 기하기 위해 자사의 직원 외에도 각 분야의 전문가 집단을 참여시키는 등 기업들이 직접 심사위원 평가비용까지 부담해가며 공모전을 치르고 있다. 이처럼 지원 부서를 별도로 설치하고 높은 비용을 지불하면서까지 공모전을 개최하는 이유는 무엇일까?

기업이나 기관은 공모전을 개최하는 목적과 취지를 공모요강에 분명하게 밝히고 있다. 그렇지만 공식적으로 표명하는 것과 실질적으로 그들이 공모전을 통해서 얻어낼 수 있는 것은 무엇인지 생각해볼 필요가 있다.

그들이 진짜로 원하는 것들

경제활동을 하다 보면 아주 가슴에 와 닿는 말이 있다. '기업이 손해 보는 일은 절대 하지 않는다.' 겉으로 보기에는 소비자를 위해 통 큰 서비스를 하는 것처럼 보이지만 사실 알고 보면 다 자기들 밥그릇은 챙기고 있다는 것이다. 공짜 휴대폰을 주는 척하면서 필수로 가입해야 하는 요금제에 약정까지 더하면 결국 통 큰 서비스는 아니었다는 결론이 나온다. 물론 이익을 남겨야 하는 기업의 입장에서는 당연한 일일 것이다.

그렇다면 기업이나 기관이 주도적으로 진행하는 공모전은 어떨까? 공모전 참가자들에게 많은 혜택을 제공하면서 기업이 얻는 것들이 무엇인지 알아보도록 하자.

첫째, 참신한 아이디어이다. 기업의 대부분은 공모전을 통해 신선하고 기발한 아이디어를 얻고자 한다. 이미 회사 내부에 대상 분야의 전문가 집단을 보유하고 있다 하더라도 기업의 입장에서는 늘 새로운 아이디어에 갈증을 느끼기 마련이다. 이때 아이디어 공모전이라는 외부 수혈의 과정을 거친다면, 비록 아마추어적인 미숙함이 조금 묻어난다 하더라도 회사 내부에 있는 인력의 고정관념에서 벗어나 풋풋하고 참신한 아이디어를 공급받을 수 있게 된다.

특히 신규 사업 아이템을 발굴하려는 기업들은 공모전이라는 행사를 더욱 적극적으로 활용할 필요가 있다. 새로운 사업이나 상품을 기획하다 보면 기존 관념으로부터 발상을 전환하는 것이 매우 절실하게 요구된다. 공모전을 통해 번뜩이는 사업 아이템이나 상품 기획 아이디어가 발굴될 수만 있다면, 많은 비용을 들여 공모전을 개최하는 기업으로서도 만족스러운 결과를 얻어낼 수 있을 것이다.

일례로 LG전자는「아이디어 LG」운영을 통해 일반인들이 자유롭게 상품을 기획, 평가, 개발할 수 있는 기회를 제공하고 발생한 매출의 4퍼센트를 지급한다.

또한 롯데마트에서는「통 큰 아이디어 공모전」을 통해 소비자가 제안한 아이디어가 상품화될 경우 매출의 1퍼센트를 지급하기로 하는 등 공모전을 오픈 이노베이션의 실질적 활동으로 활용하고 있다.

둘째, 기업 이미지의 제고이다. 공모전을 개최함으로써 기업이 얻을수 있는 홍보효과는 예상 외로 상당히 크다. 한 기업이 매년 지속적으로 공모전을 개최하고 수상자에게 보상하는 규모를 키워서 메이저 공모전으로서 자리매김을 하게 된다면, 그 기업은 자사 공모전이라는 하나의 브랜드를 갖게 되어 사회적인 관심을 받게 된다. 공기업의 경우에는 경제 주체로서 이윤을 추구하는 목적과 더불어 사회적인 역할까지도 항시 고려해야 하는 입장에 처해 있다. 따라서 사회에 공적 재화와 서비스를 공급해야 하는 공기업의 위상은 국민들이 가진 기업 이미지에 따라서 상당 부분 좌우된다고 할 수 있다.

우리나라의 대표적인 담배 회사인 KT&G는 현재 금연의식이 사회적으로 널리 확산되는 추세여서 국민에게 곱지 않은 시선을 받고 있다. 이럴 때 KT&G가 「상상 실현 창의 공모전」이나 「코리아 디자인 챌린지」 등을 개최하는 이유는 기업 이미지를 높이기 위한 수단 중에 하나라고 볼 수 있다.

셋째, 마케팅 측면의 활용이다. 주로 신상품을 출시하는 기업들이 자사 제품을 홍보하는 수단으로 공모전을 개최하는 예가 많은데, 이는 마케팅 전략의 일환으로 소비자들에게 좀 더 친숙하게 다가가 회사 제품에 대한 충성도를 높이고자 하는 목적을 지니고 있다.

그 대표적인 형식이 바로 '체험 수기 공모전'이다. 체험 수기 공모전은 개최기업의 소비자들이 직접 제품 홍보의 역할을 하게 된다. 잠재적 구매자들에게 소비 욕구를 불어넣는 것이다. 네티즌들 간의 입소문을 바탕으로 판촉효과를 극대화시키는 '바이러스 마케팅'과 유사하다. 체험수기 공모전은 개최기업의 상품에 대한 소비자들의 자발적인 목소리를 담아서 자사 마케팅 전략으로 적극 활용될 수 있다. 이처럼 공모전을 이용한 마케팅 전략은 기업의 실질적인 매출과도 직접적으로 연결되는 결과를 낳는다.

넷째, 인재 채용의 창구이다. 대학생을 대상으로 개최하는 공모전 중 상당수가 인턴 자격을 부여한다든지, 채용 시 가산점을 부과하는 등 매력적인 조건을 내걸고 있다.

요즘 기업들은 획일적인 채용 방식에서 벗어나 다양화를 꾀하면서 자사의 공모 프로그램을 적극적으로 활용하려는 모습을 보이고 있다. 일률적인 공채 시스템만으로는 실무에 적합한 인재들을 가려내 곧바로 적재적소에 투입하는 데 한계가 있기 때문이다. 공모전을 통해 검증된 수상자들은 대부분 자사에 대한 어느 정도의 관심과 배경 지식은 물론 열정까지 갖춘 상태이다.

기업은 비록 짧은 기간이지만 그들의 태도나 자세를 관찰하고 능력을 평가할 수 있는 기회를 가진다. 게다가 수상자들에게 인턴 자격이나 직무 참여 프로그램까지 제공한다면 회사 입장에서는 그들의 충성도를 높이는 동시에 능력 있는 인재의 조기 발굴이라는 양면의 효과를 얻을 수 있다. 인재 채용을 위해 공채 시스템에 들어가는 비용과 시간, 그로 인한 효과까지 감안한다면, 공모전을 통한 인재 발굴이 보다 효율적이고 합리적인 대안으로 작용할 수 있다.

다섯째, 정책 홍보 및 집행에 대한 국민적 관심의 고취이다. 중앙정부, 지자체, 공공기관이나 협회 등에서 개최하는 공모전이 이에 해당된다. 정책의 효과를 높이기 위해서는 대국민적 홍보가 적극적으로 요구된다.

제아무리 합리적이고 효율적인 정책이라 하더라도 국민들의 신뢰와 관심이 전제되지 않으면 실효성을 잃고 유명무실해지고 만다. 따라서 여러 정부 유관기관들이 정책에 대한 신뢰와 관심을 유도하고 국민의 참여를 촉진하기 위해 다양한 형식의 공모전들을 개최한다.

중소기업청은 「무한상상 국민 창업프로젝트」를 통해 일반인들의 생활 속 아이디어를 창업 아이템으로 만들어주는 사업을 진행했다. 2014년 12월 기준으로 1만 8,000여 건의 아이디어가 등록되었고 75건의 아이디어가 개발되는 등 창조경제라는 애매한 정책을 일반인들이 실생활에서 접하며 이해할 수 있게 해준 사례로 평가받고 있다.

이처럼 기업이나 기관이 많은 비용과 인력을 들여가며 공모전을 개최하려 하는 이유는 매우 다양하다. 그리고 이들이 공모전을 통해 얻을 수 있는 이득 역시 적지 않다. 만약에 공모전 개최로 얻는 것보다 잃는 것이 많다면 이들은 공모전을 개최하지 않을 것이다. 표면적으로 이들이 내세우는 명분과 논리 이면에는 실질적인 이해타산에 의한 명백한 목적이 굳건하게 자리를 잡고 있다고 볼 수 있다.

해마다 개최되는 공모전의 수는 점차 늘어나고 있다. 한두 해 개최되다가 사라지는 공모전도 물론 있지만 꾸준하게 전통의 명맥을 유지해가며 매년 지속적으로 개최되고 있는 공모전도 많아지고 있다.

현재 공모전 개최 추이를 살펴보면 개최 주체들이 손해를 보면서까지 공모전을 열고 있는 것처럼 보이지는 않는다. 손해 보는 장사라면 굳이 계속할 필요는 없지 않겠는가.

각종 기업이나 기관이 저마다 앞다투어 공모전을 개최하는 이유는 생각보다 다양하고 실리적이다. 공모전에 대한 사회적 공급만큼 수요가 뒷받침이 되었기에 공모전의 수와 규모가 점차 늘어나고 있는 것이다.

공모전 개최 주체는 사회봉사단체가 아닌 이상 나름대로 공모전 개최에 관한 손익계산서를 가지고 있을 것이다. 이들이 공모전을 개최하면서 고액의 상금과 풍성한 혜택을 제공하는 이면에는 항상 이해득실의 계산이 뒤따른다. 그렇다고 해서 공모전 참가자들이 이들로부터 억울하게 착취당하는 것 아니냐는 지나친 우려를 가질 필요는 없다.

공모전 제도는 개최자와 참가자 양측 모두에게 도움이 되는 윈윈Win-Win의 질서를 내포하고 있다. 시상 내역에 주렁주렁 매달린 혜택 외에도 공모전이란 나무에서 수상자가 얻을 수 있는 과일은 충분히 풍성하다. 이미 앞서 언급했지만 입상자가 누릴 수 있는 다양한 혜택만을 이야기하는 것이 아니다. 공모전을 준비하고 참여했던 모든 이가 그것이 유형이든 무형이든 간에 반드시 얻어갈 수 있다. 이를 두고 우리 선조들의 표현을 빌려 말한다면, '누이 좋고 매부 좋은' 공모전이라 할 수 있을 것이다.

공모전 왕국의
8대 분파

늘어나는 공모전의 수만큼이나 공모전의 유형도 점차 다양해지고 있다. 그중에서도 공모전의 규모, 내용, 응모자의 관심도 등을 기준으로 '공모전 왕국'을 거의 장악하다시피 하고 있는 주요 공모전의 유형을 크게 여덟 개 정도로 구분했다.

❶ 논문 공모전 ❷ 아이디어 공모전 ❸ 창업 공모전 ❹ 광고/마케팅 공모전 ❺ 디자인 공모전 ❻ 에세이/독후감 공모전 ❼ UCC 공모전 ❽ 블로그 공모전이 바로 그것이다.

☑ 공모전 8대 분야별 특징

상: ● 하: ○

구분	특징	난이도	직장인 수상 가능성	상금 규모
논문	• 논문의 기본 형식 준용 필요 • 혜택 대비 비교적 낮은 경쟁률	◔	◑	◔
아이디어	• 창의적인 아이디어가 가장 중요 • 적은 분량으로 응모 가능(A4 5매 이내) • 전문지식의 중요성 낮음	◔	●	◑
창업	• 사업계획서 작성 방법 숙지 필요 • 실현가능성이 가장 중요 • 대회 수상과 연계된 사업화 지원 활용 가능	◑	◔	◔
광고/마케팅	• 관련 동아리/동호회 활동 중요 • 상경계열 전공자 유리 • 파워포인트 및 프레젠테이션 스킬 필요	●	◔	●
디자인	• 관련 전공자 유리 • 비전공자 참여 어려움 • 디자인 툴 활용 능력 필요	●	◔	◑
에세이/독후감	• 독서활동과 연계하여 쉽게 참여 가능 • 주변에서 가장 쉽게 찾아볼 수 있는 공모전	◔	◑	◔
UCC	• 동영상 촬영 및 편집 능력 필요 • 시간이 다소 소요됨	◑	◔	◔
블로그	• 인터넷 카페 혹은 블로그 운영자 유리 • 개최수가 많지는 않으나 꾸준히 준비한 사람이 유리	◕	◔	◔

❶ 논문 공모전

말 그대로 논문의 형식을 따른 작품만을 공모하는 것이다. 주변에서 가장 흔하게 찾아볼 수 있는 공모전인데도 불구하고, '논문'이라는 단어가 주는 위압감은 대학생을 비롯한 일반인들에게도 논문 공모전을 기피하게 하는 원인이 된다.

논문에는 반드시 어려운 통계기법을 적용해야 한다는 강박관념때문에 논문 공모전에 응모하는 기회를 쉽게 포기해버리는 사람들도 적지 않다.

절대로 논문의 형식에만 몰두하여 필요 이상으로 까다롭게 생각할 필요가 없다. 대다수의 논문 공모전에서는 기존의 학술논문과는 달리 아마추어적인 참신함을 바탕으로 최소한의 양식만을 충족시키면 크게 문제를 삼지 않는다.

하지만 논문이라는 거부감 때문에 정기적으로 개최되는 공모전도 많고 상금이나 혜택이 다른 공모전에 비해 적지 않음에도 불구하고 경쟁률이 가장 낮은 영역이다.

❷ 아이디어 공모전

공모전 초보자가 가장 쉽게 도전해볼 수 있는 분야이다. 대부분 A4 용지 기준 5페이지 미만으로 작성하는 경우가 대부분이고 일상생활 속에서 얻을 수 있는 아이디어들을 주제로 하기 때문에 큰 부담감 없이 작성할 수 있다.

취업특전이나 해외연수 등의 혜택은 없이 상금만을 지급하는 경우가 대부분이지만 그 상금의 규모도 최근에는 수백만 원을 상회하는 경우도 많다.

이처럼 작성과 응모가 쉬운 만큼 경쟁률 또한 치열하기 때문에 짧은 제안서 안에 톡톡 튀는 참신한 아이디어를 표현할 수 있는 능력이 필요하다.

❸ 창업 공모전

다른 공모전에서는 수상자에게 취업의 기회를 제공하는 반면 창업 공모전은 창업을 할 수 있는 seed money와 특허, 마케팅, 멘토링 등 사업화의 기회를 제공한다.

더구나 최근에는 우수작들을 대상으로 벤처캐피털리스트들의 투자 유치도 도와주는 경우도 많기 때문에 좋은 아이템이 있고 창업의지가 굳건하다면 두드려볼 만한 영역이다. 또한 공모전 과정 중 주최 측에서 제공하는 창업교육과 멘토링 과정이 있는 경우가 많아 또 다른 배움의 기회가 되기도 한다.

그리고 창의적인 창업 아이템을 사업계획서라는 양식에 따라 작성할 수 있는 스킬이 필요하기 때문에 논문 공모전만큼이나 형식이 중요한 영역이다. 더불어 대부분의 창업 공모전은 2차 발표를 포함하기 때문에 논문 공모전의 형식을 따르면서 광고/마케팅의 발표와 같은 이중고를 겪어야 하는 분야이기도 하다.

❹ 광고/마케팅 공모전

다른 분야의 공모전에 비해 전통적이고 권위 있는 공모전들이 다수 포진해 있으며, 취업과의 연관성도 높기 때문에 많은 해당 분야 종사자들이 선호하는 공모전이다.

다른 공모전과 마찬가지로 광고 공모전에서도 참신한 아이디어는 생명이다. 또한 이를 구체적으로 표현하기 위한 작업 역시 만만치 않다.

이른바 공모전 고수들이 활개를 치고 다니는 영역이기도 해서 경쟁이 치열하다. 마케팅 공모전은 비교적 최근에 새롭게 대두된 장르로 이제는 확실하게 자리매김을 한 분야라고 볼 수 있다. 마케팅이라는 경영학의 분과가 공모전의 대상이 된 것은 그리 오래되지 않았다.

넓게 보면 광고 역시 마케팅 전략의 일환이기 때문에 광고 공모전을 마케팅 공모전과 동일 분야로 구분해도 무방할 것이다. 광고/마케팅 공모전은 프레젠테이션이 필수적으로 포함되는 추세이기 때문에 아이디어의 참신성이나 문서작성 능력 못지않게 뛰어난 발표력과 정확한 표현력이 공모전의 당락을 좌우할 정도로 중요하다.

대학생의 경우 동아리, 일반인의 경우 동호회를 통해 수상작 정보와 노하우가 공유되는 특성이 강하므로 그 커뮤니티에 속하는 것도 중요하다.

❺ 디자인 공모전

특정 기업이 자사 제품을 대상으로 하여 시행되는 경우가 많아 공모전이 요구하는 디자인의 종류도 천차만별이다. 생활필수품에서부터 가구, 건축물, IT 제품, 타이어, 의류에 이르기까지 각양각색이다.

광고 공모전과 마찬가지로 비주얼적인 측면이 절대적으로 중요시되기 때문에 비록 특별한 자격제한이 없다 하더라도 도면 작업이나 패널 제작에 어려움이 있는 일반인들의 참가에는 한계가 있다.

하지만 디자인 계통의 직업을 가진 직장인, 디자인에 관심이 많은 일반인들에게는 디자인 공모전이 자신의 능력과 아이디어를 맘껏 발휘할 수 있는 좋은 계기가 될 것이다.

❻ 에세이/독후감 공모전

에세이의 경우 주로 실생활이나 체험 속에서 겪을 수 있는 소재를 대상으로 공모전이 개최된다. 체험 수기, 수필 등의 공모전도 에세이 공모전의 범주에 포함된다고 볼 수 있다.

이러한 공모전의 경우 참여 대상이 '누구나'인 경우가 대부분으로 부담 없이 참여가 가능하다. 특히 해당 주제에 대한 자신의 경험이 있을 경우에는 손쉽게 작성이 가능할 것이다.

또한 독후감 공모전은 특정 도서나 출판사의 서적을 읽고 감상문을 제출하는 것으로 주된 참가자는 중고생이 많다.

에세이/독후감 공모전은 수상 혜택이 그리 많지 않은 분야이지만 다른 공모전 참여에 앞서 글쓰기 연습을 한다는 생각으로 참여해봐도 좋을 듯하다.

❼ UCC 공모전

UCC(User Created Contests, 손수제작물) 공모전은 최근 몇 년 동안 개최 건수가 급속하게 많아진 분야이다. 특히 촬영, 편집 기술의 간편화 및 보급 확대로 UCC 제작이 용이해지면서 많은 사람들이 참여하고 있다.

공모전 개최사 측에서는 제작된 UCC를 유투브, 포털, 게시판 등에 게재하여 마케팅에 활용하기도 한다. 이러한 UCC는 다양한 루트를 통해 급속하게 확산되어 홍보의 효과가 크기 때문이다.

참여자는 아무리 촬영과 편집 기술이 편리해졌다고는 하지만 기본적인 영상 촬영 및 편집 도구는 다룰 줄 알아야 하고 독특하고 새로운 콘텐츠를 만들어내는 감각이 필요하다.

❽ 블로그 공모전

블로그의 특성상 짧은 기간 내에 '금 나와라. 뚝딱' 하고 만들어낼 수 없어 비교적 오랜 준비시간이 필요하다. 이러한 블로그 공모전은 대부분 특정 지역이나 명소를 알리기 위한 목적으로 개최하는 경우가 많다.

블로그의 특성상 참여자는 인터넷 이용자들을 사로잡는 문장력, 다양한 영상과 이미지 편집 기술 등의 역량이 필요하다. 때문에 기존에 블로그나 온라인 카페를 운영했던 경험이 있다면 참여가 용이한 분야이다.

약이 되는 공모전과
독이 되는 공모전

자, 그럼 다시 공모전의 득과 실에 관하여 이야기해보자. 이렇게나 다양하고 수많은 공모전이 개최되고 있는데, 과연 정말로 모두가 서로 윈윈할 수 있고 득만 가득한 유토피아일까?

공모전 개최자와 참가자가 쌍방의 입장에서 각각의 이득을 따져보면, 전체적으로는 어느 한쪽도 손해를 보지 않는 것처럼 보인다. 주최 측의 입장이야 이미 내부적인 수지 타산은 끝냈을 것이고, 공모전 참가자의 입장에서도 '못 먹어도 GO!'라는 자세로 과감하게 배팅하는 것이 좋을 듯하다. 그러나 공모전을 개최하는 주체가 등 뒤에 감추고 있는 손익계산서에 비해 무작정 아무 공모전이나 참가하려는 객체가 손에 쥐어야 하는 손익계산서는 허술하게 작성될 가능성이 높다. 왜 그럴까?

해마다 열리는 공모전의 수만 해도 수천 개가 넘는다. 반면 개인이 공모전에 투입할 수 있는 시간과 노력에는 엄연히 한계가 있다. 어떤 사람은 자신의 역량을 과신하다 못해 한꺼번에 여러 공모전을 노리고 동시에 진행시키기도 한다. 물론 효과적으로 시간을 활용하고 체력 안배가 적절하게 이루어지기만 한다면 두 개 정도의 공모전을 병행한다 하더라도 큰 무리는 없을 것이다. 그러나 서너 개에서 많게는 대여섯 개 이상의 공모전을 한꺼번에 준비하게 된다면 모두 놓쳐버리는 최악의 결과가 나올 수도 있다.

이런 경우 약이 되는 공모전과 독이 되는 공모전을 분명하게 구분해야 할 필요가 있다. 약이 되는 공모전은 자신에게 잘 맞고 꼭 도움이 되는 공모전이며, 독이 되는 공모전은 자신에게 잘 맞지 않을 뿐더러 앞으로 자신의 경력에도 별 도움이 되지 않는 공모전이다. 향후 IT업계로 이직을 하려고 한다면 IT 관련 기업 혹은 비슷한 주제의 공모전에 도전해야 한다. 공모전 이름에만 눈이 멀어서 관련성이 떨어지는 환경, 종교, 문화 등의 공모전 따위에 마구잡이로 들이대면 안 된다.

약이 되는 공모전만을 적당히 골라서 준비하되, 독이 되는 공모전은 피하는 것이 상책이다. 독이 되는 공모전에 신경 쓰느니 차라리 그 시간과 노력을 독서나 친목 관계에 투자하는 것이 본인에게도 훨씬 득이 될 것이다.

10

메이저 공모전과
마이너 공모전

미국 프로야구에 메이저리그^{major league}와 마이너리그^{minor league}가 있다
면, 공모전의 세계에는 '메이저 공모전'과 '마이너 공모전'이 있다. 미국의
마이너리그는 우수한 신인을 조직적으로 발굴하고 육성하기 위해 마련
된 체제로서, 선수들 간의 치열한 경쟁에서 살아남은 자에게만 메이저
리그에 진출할 수 있는 기회를 준다. 신인들은 마이너리그에서의 혹독
한 훈련과 철저한 검증을 거쳐야만 꿈의 무대인 메이저리그로 진출하게
된다.

공모전의 세계 역시 마찬가지다. 이른바 메이저 공모전에서 입상하기
위해서는 마이너 공모전의 무대에서부터 착실히 실력을 갈고 닦아야 한

다. 물론, 단번에 메이저 공모전에서 입상의 영광을 차지하는 사람들도 간혹 있다. 그러나 상당수의 메이저 공모전의 입상자들은 이미 마이너 무대에서부터 쓴맛 단맛을 모두 맛보며 실력을 갈고 닦은 다음 비로소 그 자리에 오를 수 있는 영예를 얻은 것이다.

혹자들은 이런 질문을 던질 수도 있을 것이다. 도대체 메이저 공모전과 마이너 공모전의 구분은 어떠한 기준으로 이루어진다는 말인가? 메이저니 마이너니 하는 구분이 굳이 필요하긴 한 것인가? 그저 상금만 많으면 그만이지 않은가? 이를 설명하기 위해서는 현재 개최되고 있는 공모전의 양적 규모와 질적 내용에 관한 전반적인 이해가 선행된다.

마이너부터 치고 올라가자

2000년대 이전까지만 해도 공모전을 개최하는 주체는 주로 몇몇 민간기업과 언론사, 특정 정부기관 정도로 그 범위가 매우 한정되어 있었다. 게다가 이들이 개최하는 공모전은 일부 제한된 분야만을 대상으로 작품 응모를 받았기 때문에 공모전에 대한 대중적 인식을 형성하기에는 한계가 있었다.

그러나 최근에는 이들 뿐만 아니라 공기업, 중소기업, 기존 회사의 신생 브랜드 런칭 사업부, 지방자치단체를 비롯한 군소 정부기관, 민간단체에 이르기까지 공모전의 개최 주체가 점차 다양해지면서 공모 분야 역시 광범위하게 형성되었다.

공모전 참가자들 또한 관심 있는 소수의 부류만이 참가하던 과거와는 달리, 대학생을 중심으로 직장인, 가정주부, 일반인에 이르기까지 다양한 계층에서 이루어지고 있어 달라진 세태를 반영하고 있다. 상황이 이렇다 보니, 일부 발 빠른 취업 관련 기업들은 공모전 분야가 확장일로에 들어섰다는 판단하에 공모전 전문사이트를 앞다투어 개설하기 시작했다. 이러한 추세를 감안하면 앞으로 매년 개최되는 공모전의 양적 규모는 지금보다 더 비약적으로 늘어날 것이라는 전망도 가능하다.

이렇듯 우후죽순처럼 늘어만 가는 공모전들의 질적인 내용을 살펴보면, 해마다 수많은 공모전들이 명멸하고 부침을 겪고 있다는 사실을 확인할 수 있다. 개최횟수가 10여 회를 넘으며 공모전 분야에서 나름대로의 권위를 인정받고 전통의 명맥을 꾸준히 이어가고 있는 공모전이

있는가 하면, 1회를 마지막으로 더 이상 개최되지 못한 채 사라져버리는 공모전도 있다. 심지어는 공모전 개최를 통해 자사를 알리고 다양한 아이디어까지 접수했지만 수상작은 없는 공모전도 있다.

▲ 수상작 없는 공모전 사례   출처 : 경향신문(2011.6.22.)

매해 참가자들의 열띤 경쟁이 펼쳐지면서 갈수록 응모 열기가 뜨거워지는 공모전이 있는가 하면, 대중들의 무관심 속에서 적은 수의 응모자들만이 참가하여 겨우 수상작을 내고 조용히 '그들만의 잔치'를 벌이는 공모전도 있다. 이렇듯 다양한 공모전들이 매년 쏟아져 나오고 있는 상

황에서 참가자들이 어찌 공모전의 옥석을 가리지 않을 수가 있겠는가.

물론 매해 쏟아져 나오는 공모전들을 무 썰듯 간단하게 메이저와 마이너로 구분해내긴 결코 쉬운 일이 아니다. 그렇다고 시상 내역이 다양화되어가는 상황에서 모든 공모전들을 상금만으로 줄을 세워 구분한다는 것도 무의미한 짓이다.

이제는 자기만의 기준을 세워 공모전의 옥석을 가려내야 한다. 공모전에도 메이저급이 있고 마이너급이 있다. 메이저 공모전은 상금의 규모뿐 아니라 전통과 명예, 자부심, 다양한 부상 및 특전 등 다방면에서 수상자들에게 혜택을 준다. 그러나 마이너 공모전은 비록 상금이 크다 할지라도 메이저 공모전이 지니고 있는 장점들을 충족시키지 못한다.

그렇다고 마이너 공모전이 꼭 무용지물인 것만은 아니다. 미국 야구 선수들이 메이저리그에 올라가기 위해 마이너리그에서 피나는 노력을 하듯, 메이저 공모전에서 입상하기 위해서는 마이너 공모전부터 참가하여 실전 경험과 노하우를 쌓을 필요가 있기 때문이다.

밑져야 본전?
NO! 밑지면 손해

공모전의 옥석을 가리는 작업 이전에 우선 공모전을 준비하는 데 과연 비용이 드는지 그렇지 않은지의 문제에 관해 한번 꼼꼼히 따져보자. 공모전에 도전하려고 마음먹은 사람들은 대개 '밑져야 본전'이라는 생각의 함정에 빠져들기 십상이다. 참가비를 낼 필요도 없고 그냥 한번 해봐서 되면 좋고 안 되도 그만이라는 생각을 하기 때문이다.

이러한 사고는 완전한 계산착오이다. 공모전은 단순히 요행을 바라고 참가하는 경품행사가 아니다. 비록 명시적인 참가비용을 지불하는 것은 아니지만, 공모전을 준비하면서 아무런 비용이 들지 않는 것은 아니다. 공모전 참가에도 비용이 든다. 경우에 따라서는 밑지는 일도 생길 수 있다. 그렇다면 공모전에는 어떠한 비용이 얼마나 들어갈까?

첫째, 시간의 기회비용이다. 처음으로 혼자서 공모전을 준비하게 되면, 보통 수상권 안에 들기 위해 드는 시간은 최소 2주에서 한 달 정도이다. 아이디어 구상, 전략수립, 자료수집 및 정리, 아이디어 구체화, 기획서 작성, 퇴고 등의 과정은 공모전을 준비하는 사람에게 적지 않은 시간을 요구한다.

공모전을 준비하는 데 들어가는 시간은 곧 독서나 어학공부 시간을 비롯한 여가활동을 위한 시간의 제약을 의미한다. 당신은 공모전 때문에 여타의 활동에 들어가는 시간을 포기할 수 있는가. 공모전을 준비하겠다고 마음먹은 사람은 바로 시간의 기회비용부터 철저히 따져봐야할 것이다.

둘째, 자료수집 비용이다. 공모전 대부분은 참가비가 없는 대신 자료수집을 위한 지원금도 없다. 공모전을 준비하다 보면 기획서 작성에 드는 시간과 노력 못지않게 자료수집에 드는 비용도 결코 만만하지 않다는 것을 알게 된다. 웬만한 자료들은 도서관 대출을 이용하여 열람할수 있기 때문에 모든 참고문헌을 구입할 필요는 없다 하더라도, 작품 완성에 영향을 미치는 매우 중요한 자료들은 직접 구입하거나 복사해서보관해야 한다.

무엇보다 정확하고 효과적인 자료를 얻기 위해서는 인터뷰를 하거나컨퍼런스, 세미나, 강연회 등에 참석해야 할 필요도 있기 때문에 여기저기 발품을 팔아야 하는 수고도 감수해야 한다. 그러다 보니 서적구입비, 교통비 등 비용이 소요된다.

셋째, 기회손실 비용이다. 공모전을 준비하는 기간 동안에는 많은 시간과 노력이 집중적으로 투입된다. 특히 마감일에 임박하면 공모전에 관련된 일 외에는 아무것도 손에 잡히지 않을 뿐더러 다른 일에 신경을 쓸 겨를도 없다. 업무와 관련된 일에 직간접적으로 손실을 입게 된다. 연애 중이라면 애인과의 만남이 뜸해질 수도 있다. 공모전을 준비하는 기간에는 고도의 집중력과 치밀한 기획력, 지치지 않는 체력과 성실성 등이 요구되기 때문에 다른 일에 몰두할 수 있는 기회가 원천적으로 차단될 수도 있다.

이래도 밑져야 본전인가? 공모전 준비는 결코 만만한 작업이 아니다. 공모전을 준비하는 사람이라면 누구나 오로지 입상을 목표로 자신의 시간과 노력을 기울인다.

이렇게까지 많은 비용을 들이고도 입상에 실패한다면 그 억울함을 누구에게 토로할 것인가. 참가하는 데만 의미를 두기에는 개인적인 손해가 너무도 막심하다고 느끼는 사람도 있을 것이다.

때문에 공모전에 참가하려는 사람에게는 수많은 공모전 중에서 옥석을 가리고 자신에게 반드시 필요한 공모전에만 혼신을 다하는 '선택과 집중'의 전략이 중요하다. 공모전에서는 밑져야 본전이 아니다. 밑지면 손해다.

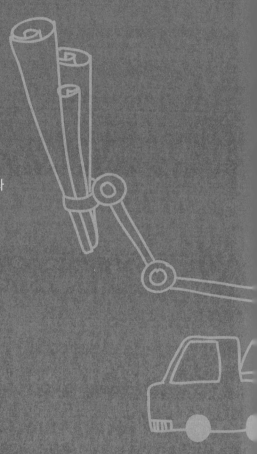

CHAPTER

2

직장인 공모전
성공사례
- 완성편 -

> 일정 수준 경제력을 보장할 수 있는 '보상지향성 일' 자기 재능과 장점을 사용할 수 있는 '재능지향성 일', 자신이 좋아하고 열정을 가질 수 있는 '열정을 샘솟게 하는 일', 이 세 가지가 겹치는 일이 '스위트 스폿'이다.
>
> 펜실베이니아대학 와튼스쿨, 리처드 셸 교수

지난 10여 년 동안 공모전을 통해 큰 경제적 보상을 받았다. 미처 몰랐던 재능과 실력을 마음껏 발휘할 수 있었고 삶의 열정도 맛보았다. 필자에게는 리처드 교수가 정의한 보상도 받고 재능도 펼치면서 열정이 샘솟는 스위트 스폿은 바로 공모전이라고 할 수 있다.

처음부터 자발적으로 흥미를 가지고 시작했던 것은 아니었다. 어느 학교 선배로부터 들은 취업에 도움이 된다는 이야기가 가장 큰 동기였다. 그저 이력서에 스펙 하나 더 추가해 넣고 싶었다. 운이 좋으면 별도로 취업활동 없이 곧장 공모전 개최사로 입사할 수 있을지도 모른다는 기대도 했다. 취업을 하기 위한 발판으로 삼고자 했던 공모전이 이토록 오랫동안 인생을 좌지우지할 만큼 중요한 존재가 될 줄은 전혀 예상하지 못했다.

특별히 공모전을 잘하도록 태어난 것도, 관련 분야를 전공한 것도 아니다. 공모전을 준비해오면서 조금씩 자신이 발전해가는 것을 느꼈고, 마침내 수많은 공모전에서 입상하는 노하우를 깨우칠 수 있었다. 그렇게 취업을 목적으로 시작한 공모전이 인생의 스위트 스폿이 되고, 각종 공모전에서 발군의 능력을 발휘할 수 있었던 노하우를 그동안의 경험을 토대로 풀어보고자 한다.

일상 속 작고
사소한 사인에 주목하라

공모전을 할 때 가장 어려운 것이 바로 창의적인 아이디어를 찾는 것이다. 하지만 창의적인 아이디어라고 해서 무작정 듣도 보도 못한 아이디어를 내놓으면 곤란하다.

창의적 아이디어는 늘 우리 주변에 있다. 다만 투입이 많아야 산출이 많은 만큼 다양한 아이디어 소스를 독서, 여행, 체험, 만남 등을 통해 우리 머릿속에 주입해야 한다. 그렇다고 꼭 무엇인가를 해야 한다는 강박관념을 가질 필요는 없다. 일상생활 속에서도 충분히 창의적인 아이디어를 찾을 수 있다.

2013년 「여름 전력난 이겨내기 아이디어 공모전」에서 상금 100만 원의 우수상을 받은 《에너지 오디션을 통한 전력난 해소방안》([부록] 참조)은 오디션 프로그램인 〈슈퍼스타 K〉를 시청하다가 떠오른 아이디어이다.

2009년 시작한 〈슈퍼스타 K〉는 한 케이블 방송의 대국민 공개 오디션 프로그램이다. 대한민국 여덟 개 지역과 해외 여러 나라에서 예선이 이루어지고 여기서 선발된 자들을 모아 생방송 무대에서 서바이벌 오디션을 치르게 된다. 우승자는 5억 원의 상금, 음반 발매, 해외 스페셜 무대 참가 등의 혜택을 받는다.

〈슈퍼스타 K〉는 오디션 프로의 선구자 역할을 톡톡히 했다. 오디션 역사의 한 획을 그었다고 보아도 무방한 프로그램이다. 이에 뒤질세라 타 방송사들도 줄줄이 오디션 프로그램을 내놓기 시작했고, 여기저기에서 오디션 프로를 표방한 이벤트와 기획들이 쏟아졌다. 이럴 때 그 유

☑ **공모전 아이디어 운영 프로세스 4단계**

	개최 및 운영	대회 신청 및 참여	평가 및 심사	보상
슈퍼스타K				• 총 상금 5억원 (음반제작비 2억+상금 3억) • 초호화 음반 발매 및 유명 감독과의 뮤직비디오 작업 • MAMA 스페셜 무대 참가 • TOP4에겐 삼성자동차 제공
공모전 아이디어	• 에너지오디션 개최 및 운영 홍보 • 유관기관 협조 • 참여 신청 기관 및 기업 조사 • 평가 및 심사	• 대용량 사용자 중심 참여 권장 • 신청 시 기존 1년간 에너지사용량 (전기료, 난방비 등) 조사 및 제출	• 대회 웹사이트를 통해 참가자별 에너지 절감량 실시간 제공 • 시민 심사단과 주관기관 심사단 평가 합산	• 우수한 성과를 거둔 참가자를 대상으로 보상 • 직접적인 금전적 보상, 세금감면 등

행을 따라서 흐름을 타는 것은 아이디어 창조 측면에서 아주 좋은 효과를 낼 수 있다. 이는 TV나 신문, 전단지 등에서 쉽게 볼 수 있는 풍광이다. 공모전에서도 예외란 없다. 노래를 주제로 한 오디션 프로그램 콘셉트에 에너지 절약을 도입해보면 어떨까, 하는 생각이 들었다. 오디션 주제를 노래에서 에너지 절약으로 바꿔보는 것이다. 그래서 오디션 프로그램의 최종 단계까지 가는 운영 프로세스와 비슷하게 공모전 아이디어의 운영 프로세스를 4단계로 구분했다. 트렌드에 맞는 아이디어로 심사위원들에게 좋은 평을 얻은 아이디어였다.

이외에도 2008년 환경부에서 개최한 「음식물류 폐기물 줄이기 공모전」에서 장려상을 수상한 《키친가든kitchen garden을 통한 음식물 폐기물 줄이기》 역시 집 베란다에서 키우던 상추, 화초 등에 물을 주면서 영감을 얻었다.

▲ 현대건설의 '키친나노가든'   출처 : 현대건설

'키친가든'이란 집에서 기르기 쉬운 식물이라는 뜻으로 우리말로는 남새밭, 채소정원이라고 한다. 최근 단독주택의 정원은 물론 아파트 베란다에서도 채소를 키우는 가정이 늘어나고 있다. 아이디어의 핵심은 키친가든을 활성화해서 음식물 쓰레기를 줄이자는 것이었다. 최근에는 키친가든에서 진일보한 개념으로 아파트 부엌에서 채소나 꽃을 키울 수 있도록 개발한 '키친나노가든'의 디자인이 제시되기도 했다. 이런 아이디어는 평소 일반 가정의 변화를 눈여겨봐둔 덕분에 떠오를 수 있었다.

이처럼 일상생활 주변에도 공모전 아이디어로 활용할 수 있는 소재들이 널려 있다. 누가 먼저 새로운 관점으로 일반적인 소재를 공모전 주제로 바꿀 수 있느냐가 관건인 것이다.

떨어진 공모전도
다시 보자

지금까지 참여한 공모전에서 약 100번의 수상경력을 가지고 있다. 100번이라는 숫자가 나오려면 10여 년 동안 과연 몇 개의 공모전에 도전했을까? 제대로 세어보려고 시도도 하지 않았지만, 전부 세어보는 것도 대단한 일이 될 듯싶다.

아무리 오랜 기간 공모전 세계에 몸담아왔다고 하지만 백발백중 상을 받을 수 있는 건 당연히 아니다. 평균적으로 따져보면 대략 서너 개 공모전을 준비하면 그중 한 개 정도가 입상한다고 볼 수 있다.

한 번에 서너 개의 새로운 아이디어를 찾아내서 기획서를 쓴다는 것은 매우 어려운 일이다. 그래서 과거에 제출했던 공모전 중 수상하지 못한 것들을 재활용하는 것을 적극적으로 고민한다. 힘겹게 써놓은 기획서를 그냥 썩히기에는 너무 아깝지 않은가?

　가끔은 떨어진 공모전 기획서가 다음 해에 개최되는 동일한 공모전에서 수상하거나 유사한 주제로 개최되는 다른 공모전에서 수상하는 경우가 있다. 이것이 가능한 이유는 개최기관마다 심사기준과 심사위원이 다르고 해당 아이디어가 사회적 이슈가 되거나 관련 법/규정 등이 변화한 덕분에 좋은 점수를 받을 수도 있기 때문이다.

　실제로 2012년 파이낸셜뉴스에서 개최한 「제10회 Term Paper 현상논문 공모전」에서 지식경제부장관상(대상)을 수상해서 1,000만 원의 상금을 받은 논문도 지난해에 다른 공모전에 제출했다가 떨어진 것을 재

┌───┐

「Term Paper 현상 논문 공모전」에서 대상을 수상한 기획서

제목 : 사회적 벤처^{Social Venture} 클러스터를 통한
사회양극화 해결 방안

- 목 차 -

└───┘

활용한 것이다.

　「Term Paper 현상 논문 공모전」 기획서를 해당 공모전에서 제공한 양식에 맞추어 재작성한 뒤, 전년도에 작성한 내용 중 사회적 벤처 수, 시장 전망 등 수치를 업데이트했다. 그리고 해당 공모전의 주제 중 하나가 '한국경제의 양극화 해소 방안'이었으므로 핵심 아이디어는 그대로 두고 양극화와 관련된 내용만 추가적으로 작성하고 기존 내용 중 불필요한 것들은 삭제하는 등의 내용 업데이트를 했다.

　과거 입사지원을 할 때 이력서 하나만 공들여 써놓고 S기업, L기업, D기업 등에 지원할 때마다 기업명만 바꿔서 제출했던 기억이 있을 것이다. 그럴 경우 기업명을 바꾸지 않고 제출했다가 탈락했다는 에피소드

도 종종 들었을 것이다. 개최기관, 연도, 시장 전망, 수치 등은 꼼꼼하게 살펴보아야 한다. 물론 내용에서 보완이 필요한 부분까지 업데이트한다면 상을 받을 확률을 더 높일 수 있을 것이다.

이처럼 한 번 작성한 공모전 기획서를 입상할 때까지 재활용하기 위해서는 '꺼진 불도 다시보자'라는 표어만큼이나 떨어진 공모전도 다시 살펴보고 업데이트를 하는 것이 중요하다.

03

드림팀은
가까운 곳에 있다

공모전에서 승률을 높이려면 당연히 기획서를 많이 제출하는 것이 가장 좋은 방법이다. 하지만 회사생활을 하면서 한정된 시간 동안 여러 개의 기획서를 동시에 써서 제출하는 것은 어려운 일이다. 운이 좋아 발표심사까지 참여해야 한다면 더더욱 불가능에 가까운 일일 것이다.

그동안 직장생활을 하면서도 간단한 아이디어 공모전은 혼자 해왔다. 물론 논문, 창업 공모전처럼 작성해야 할 분량이 많고 다양한 역량이 필요한 경우에는 팀을 구성해서 공동으로 공모전을 준비하기도 한다.

초기에는 팀을 꾸릴 때 시행착오를 많이 겪었다. 공모전 관련 커뮤니티에 모집공고도 내보고 주변 지인의 소개로 팀을 꾸려보기도 했다. 하지만 같은 목표를 가지고 있음에도 처음 만난 사람들끼리 팀워크를 발휘하기가 쉽지 않았다. 사고방식이 다른 탓에 쉽게 중도포기를 하거나 지원하는 공모전마다 성과가 너무 저조해서 실패로 끝나는 경우가 대부분이었다. 결국에 한동안 혼자서 공모전을 준비하다가 시간부족으로 도전할 만한 공모전들도 여러 개 놓치고 기획서의 퀄리티도 높이기 어려워졌다. 그러다 보니 당연히 상을 타는 횟수도 줄어들 수밖에 없었다.

몇 해 전 자격증 학원을 다니면서 알게 된 후배가 있다. 6개월 동안 매주 얼굴 보고 스터디까지 하면서 친해지게 되었는데, 알게 된 지 1년이 지나서야 그 후배 역시 공모전 경력이 있고 종종 공모전을 혼자 준비하고 있다는 것을 알게 되었다.

우리는 주저할 것도 없이 팀을 꾸렸다. 내가 아이디어를 제안해서 초안을 작성한 후 후배가 시장조사 자료를 추가해서 살을 붙이는 작업을 했다. 후배의 경우 대학교에서 프레젠테이션 강의를 할 정도로 발표력이 뛰어나 덕분에 발표심사에서 높은 점수를 받을 수 있었다.

그렇게 팀을 꾸린 후부터 입상한 공모전만 해도 「2012년 기후변화 신산업 아이디어 공모전: 《폐자원거래소》」 최우수상(1,000만 원), 「2012년 보령시 시책 발굴 전국 논문 공모전: 《환경 테마파크를 통한 낙후자원 활용 및 관광산업 활성화 방안》」 장려상(100만 원), 「2013년 경북 관광 아이디어 공모전: 《반려동물과 함께 떠나는 경북여행》」 은상(100만 원)으로 세 개나 된다.

또한 현재 재직 중인 회사에서 알게 된 동료의 경우에는 입사한 지 2년이 지나서야 서로 논문 공모전에 관심이 많다는 것을 알게 되었고 곧바로 팀을 꾸렸다. 그 동료 역시 일과 박사과정을 병행할 정도로 학구적이어서 연구하는 방법과 문장력이 뛰어났다.

「2011년 중소기업청 사회적 책임 논문 공모전: 《중소기업 CSR^Corporate Social Responsibility 클러스터를 통한 지역 혁신전략》」 우수상(200만 원), 「2012년 파이낸셜 뉴스 제10회 Term Paper 논문

▲ Term paper 현상 공모전 수상 사진(왼쪽 끝)

공모전: 《사회적 벤처^Social Venture클러스터를 통한 사회양극화 해결 방안》」 대상(1,000만 원)이 그 결과물이다.

가장 빠르고 우연히 팀이 구성된 적도 있다. 당시 2012년 한양대에서 박사학위 과정을 밟고 있을 때였다. 대학원 지인 중에 인테리어 사업을 하면서 학업을 병행하는 선배가 있었다. 어느 날 술자리에서 그 선배에게 평소 생각해오던 인테리어 소품을 웹상에서 미리 체험해볼 수 있는 솔루션이 있으면 좋겠다는 의견을 말하게 되었다. 그러자 선배가 3D 기반의 해당 솔루션 사업을 추진했던 경험을 이야

▲ 선배와 스페인 해외탐방 모습(오른쪽)

한양대 글로벌 창업경진대회 최우수상 기획서 목차

기해주는 것이 아닌가. 우리는 당장 작업에 들어갔다.

내가 생각한 기획의 틀에 선배가 수행했던 사업의 내용들을 덧붙여 불과 3일 만에 25페이지 분량의 사업계획서를 완성했다. 결과적으로 우리는 「2012년 한양대 글로벌 창업경진대회」에서 대상을 수상했고, 부상으로 제공된 일주일간의 스페인 해외탐방을 함께 떠났다.

파랑새를 찾아 멀리 여행을 떠났다가 찾지 못해 포기하고 집에 돌아와 보니 파랑새가 바로 자기 집에 있었다는 동화 속 이야기는 멀리 있는 것이 아니다. 이처럼 당신이 여기저기에서 찾고 있는 공모전 드림팀은 바로 당신 주위에 있을 수도 있다.

당신도
훌륭한 저자가 될 수 있다

2006년에 한 출판사로부터 공모전 노하우를 담은 책을 내자는 연락이 왔다. 당시 공모전과 관련하여 MBC 방송에 출연도 하고 조선일보 등 주요 일간지에 소개되면서 이슈가 되자 출판사에서 먼저 출판기획서를 들고 만나러 온 것이다.

당시 공모전계에서는 나름 선두주자였고 보기 드물게 다작을 했었다. 게다가 마땅한 공모전 관련 참고서적도 없던 차였다. 망설일 것도 없이 출판사의 제안을 수락하고 바로 집필을 시작했다. 개최기관과 수상자들을 만나 인터뷰도 하고 상당한 분량의 원고를 작성했다.

원고가 거의 완성될 무렵 갑자기 출판사 담당자로부터 연락이 왔다.

출판사 사정으로 공모전 도서를 담당하던 부서가 없어졌다는 것이다. 당연히 출판도 어렵게 되었다는 말을 전해왔다. 약 6개월 동안 시간과 비용을 투자해서 작성했던 원고가 순식간에 종잇조각으로 변하는 순간이었다. 하지만 이번 경험을 토대로 공모전을 주제로 완성도 높은 책을 써야겠는 생각을 굳히게 되었다.

이후 실용분야에서 유명한 출판사 여러 곳에 공모전을 주제로 출판기획서를 보내봤지만 선뜻 손을 내미는 곳이 없었다. 그렇게 시간은 흘러갔고, 흘러간 시간만큼 더 많은 공모전에 도전하고 수상을 하면서 내공(?)이 쌓여갔다. 공모전을 주제로 한 특강도 진행하면서 책에 담을 수 있는 콘텐츠도 훨씬 풍부해졌다.

남들이 알아주지 않더라도 하고 싶은 일을 위해 꾸준히 준비하면 언젠가 반드시 좋은 기회가 찾아온다. 2014년 5월에 전국경제인연합회의 출판자회사인 FKI미디어에서 「한국경제 콘텐츠·기획 공모전」을 개최하여 상금은 물론 출간의 기회를 제공한다는 공고문을 보게 되었다.

▲ 한국경제 콘텐츠 기획 공모전

기존에 작성했던 기획서와 이후에 조금씩 준비해두었던 출판기획서를 재작성했다. 그동안 축적한 공모전 내공과 콘텐츠를 토대로 다시 완성된 기획서를 제출했고, 우수상을 받아 지금의 책

☑ 출판기획 공모전 개최 정보

공모전명	개최 기관	내용
한국경제 콘텐츠·기획 공모전	FKI미디어	• 부문: 출판콘텐츠(원고)/출판기획(기획안) • 총 상금: 2,000만 원 • 출간 기회(별도 인세 계약)
니들북 출판·기획 공모전	대원씨아이	• 부문: 출판기획/창작원고 (로맨스소설, 에세이, 여행·취미·실용) • 총 상금: 200만 원 내외 • 출판계약 후 출간 혜택
우수출판콘텐츠 제작 지원 사업	한국출판문화 산업진흥원	• 부문: 원고/기획안 • 분야: 인문교양, 사회과학, 과학, 문학, 아동 • 1편당 1,000만 원 • 출판계약 후 출간

을 쓰고 있다.

드디어 수년 동안 기다려온 출판의 기회를 공모전을 통해 상금과 함께 얻게 된 것이다. 더불어 인세 계약까지 별도로 체결하여 추가적인 수익까지도 기대할 수 있다.

주변을 둘러보면 자신만의 주제로 책을 써보고 싶다는 사람들이 의외로 많다. 이런 사람들은 당장 출판기획서를 작성해서 위의 출판기회를 제공하는 공모전에 응모하기를 강추한다.

가끔 대학교나 대학원 동기들을 만나면 아직도 공모전을 하고 있느냐며 놀라워한다. 특히 회사에 다니면서 꾸준히 하고 있으니 믿지 못하겠다는 눈치다. 우리나라에서 직장생활을 해본 사람이라면 본 업무 외에 다른 일을 하는 것이 얼마나 어려운지 말하지 않아도 너무나 잘 알고 있기 때문이다. 퇴근하면 잦은 술자리와 각종 약속, 취미생활이나 기타 자기계발 등으로 하루 24시간이 부족할 판이니 말이다.

결코 회사가 편해서라거나, 공모전에 익숙해서가 아니다. 단지 특정한 과정이나 상태를 유지할 수 있는 지속가능성이 공모전 분야에서 발휘되었기 때문이다. 이 또한 나만의 철학이 있었기에 가능했다. 공모전이 학창시절의 과거형이 아닌 직장인의 '현재진행형'이 될 수 있었던 비결을 이번 장에서 소개하고자 한다.

'회사업무=공모전'
공식이 답이다

　회사를 다니면서 공모전을 했다고 하면 회사가 널널(?)하니까 가능한 거 아니냐고들 말한다. 하지만 몇 년 전 근무했던 Accenture는 컨설팅 업계에서 '빡센츄어'로 불릴 정도로 엄청난 강도의 업무량(평균 퇴근시간 새벽 1~2시, 주말과 휴일에도 초과근무)으로 유명한 곳이었다.

　그렇게 업무강도가 높은 Accenture 재직 중에도 '빡세게' 공모전을 했고 회사를 옮긴 지금도 여전히 회사일과 공모전을 병행하고 있다. 이처럼 회사를 다니면서 공모전에 끊임없이 도전하고 또 상까지 받을 수 있었던 비결은 회사업무와 공모전의 연관성을 최대한 높이려는 노력을 했기 때문이다.

몇 년 전까지만 해도 정말 다양한 분야와 주제로 여러 공모전에 도전했다. 그러다 보니 이 분야 저 분야 투자되는 시간이 많아지면서 회사일에 소홀해지고 말았다. 결국 업무평가점수가 하위권으로 떨어지는 경험을 했다.

공모전 투잡을 하는 것도 좋지만 주객이 전도되어 본업에 영향을 미쳐서는 안 되겠다는 생각이 들었다. 그래서 주로 신규사업, 중소기업·벤처, 정책 등 회사업무와 병행이 가능한 공모전만을 선별하여 도전했다.

과거보다 공모전 응모횟수는 줄어들었지만 오히려 수상확률은 높아졌다. 그동안 공모전에 도전하면서 축적된 창의적인 아이디어와 업무적인 전문성이 결합되어 좋은 결과가 나온 것이 아닐까 싶다.

이처럼 업무와 연관되는 공모전에서 상을 탄 이후 프로젝트 의뢰, 평

☑ 공모전 방법론 10단계와 회사업무의 연관성

공모전 방법론 10단계 중	관련 회사업무
Stage 4. 일정에 쫓기지 않는 계획 세우기 비법	• 프로젝트 초기 Workplan 혹은 일정 수립 • 팀원 간 업무분장 등
Stage 5. 숨은 자료 똑똑하게 찾는 방법	• 다양한 정보를 얻기 위한 일련의 활동 • 내외부 전문가 설문 및 인터뷰 • 경쟁사 벤치마킹 등
Stage 6. 알고 보면 별것 아닌 창의력	• 신사업 아이디어 제안 • 새로운 기획 아이템 발굴 등
Stage 7~8. 눈 감고도 쓸 수 있는 아이디어 기획서 / 누구보다 알차게 본문 작성하는 노하우	• 보고서/기안문 작성 • 제안서/사업계획서 작성 등
Stage 9. 심사위원 마음에 쏙 드는 매력적인 프레젠테이션	• 일상적 업무보고 • 프로젝트 발표 등

가위원 위촉, 전문세미나 참여, 기획자문 등을 요청받는 기회까지 더불어 생겼다. 잘 살펴보면 직장인들이 하는 회사일과 공모전이 거의 유사한 프로세스로 구성되어 있다는 걸 알 수 있다.

물론 그림 안에는 공모전 방법론 10단계 중 회사와 관련된 일이면서 특징적으로 볼 수 있는 것들을 중심으로 6단계만을 모아본 것이다. 재차 강조하지만 회사일과 공모전의 연관성을 최대한 높여야 투자하는 시간도 줄이고 기회비용을 최소화할 수 있다. 그러기 위해서는 자신이 근무하는 업종 혹은 업무 분야의 공모전 주제를 선정하는 것이 유리하다.

업무와 연관성이 높은 공모전에서 입상을 하면 본인의 전문성을 대내외적으로 홍보할 수 있는 객관적인 자료가 생긴다. 만약 탈락하더라도 관련된 지식을 축적하는 기회로 삼을 수 있다.

공모전은
샐러던트들의 파티다

최근 자기계발에 비용과 시간을 투자하는 직장인들을 일컬어 '샐러 던트 saladent'라고 하는 신조어가 생겼다. 샐러던트 saladent는 'salary man'과 'student'의 합성어로 직장에 다니면서 새로운 분야를 공부하거나 현재 자신이 종사하고 있는 분야에 대한 전문성을 높이기 위해 지속적으로 공부하는 사람을 의미한다.

필자는 대학을 졸업하고 바로 석사과정으로 진학을 했다. 석사를 마치고 직장생활을 하다가 거의 10년 만에 파트타임으로 박사과정을 시작했다. 공모전 때문에 직장생활과 학업을 병행한 것은 당연히 아니지만, 대학원생이라는 신분을 갖추자 공모전에서 유리한 점이 많이 생겼다.

우선 참여할 수 있는 공모전이 양적으로 크게 증가했다. 공모전 대부분이 대학(원)생을 대상으로 개최하기 때문에 [부록]에 정리한 일반인이 참여할 수 있는 88개 아이디어 공모전보다 2~3배가 늘어날 것이다.

물론 일반인이 참여할 수 있는 공모전도 충분히 많지만 대학(원)생으로 선택의 폭이 넓어진 만큼 관심 있는 분야나 자신 있는 주제를 선택하는 데 용이하다. 회사생활로 축적된 실무 경험을 토대로 학교에서 배운 이론을 덧붙이면 논리적으로 탄탄하고 실현 가능성이 높은 공모전 기획서를 작성할 수 있다.

대학원을 가든 다른 그룹 스터디를 하든, 샐러던트가 되면 공모전 파트너를 만날 수 있는 기회가 많아진다. 물론 회사동료 중에서 공모전 팀원을 찾을 수 있다면 좋겠지만 그보다는 다른 곳, 특히 대학교에서 팀원을 찾는 것이 훨씬 편하다. 대학(원)생 중에는 공모전에 관심을 갖고 있거나 참여한 것은 물론 상을 받은 경험이 있는 학생이 많은 만큼 적극적으로 손을 내민다면 공모전 파트너를 구하기가 쉽다.

실제로 2012년부터 1년 동안 대학(원)생 자격으로 받은 「농수산식품 중국 수출 우수 아이디어」(70만 원), 「글로벌 창업경진대회」(100만 원), 「의정부 시정 발전 아이디어」(100만 원), 「국민 행복 법령 만들기 아이디어 공모전」(50민 원) 등은 학비에도 큰 보탬이 되었다.

직장인 신분으로 대학(원)생들과 경쟁하니까 훨씬 유리할 거라고 생각하는 사람도 있겠지만 전혀 그렇지 않다. 최근 공모전이 취업의 필수 요소로 각광받으면서 대학(원)생 부문은 경쟁률부터 일반인 공모전보다 훨씬 높다.

대학(원)생들은 교내 동아리나 스터디를 통해 장기간에 걸쳐 준비한 뒤 공모전에 도전하므로 직장인들에게 절대 만만한 상대가 아니라는 것을 명심해야 한다.

공모전 투잡을 위한
나만의 원칙

공모전 투잡을 하기 위해서는 나만의 원칙을 세우고 그것을 지키려는 노력이 병행되어야 한다. 이는 직장인으로서 공모전을 포기하지 않고 지속하기 위해 꼭 필요한 과정이다. 필자만의 공모전 투잡을 지속하는 원칙은 다음의 세 가지와 같다.

첫째, 회사에 충실하라. 우리 사회에는 '동시에 두 가지 일을 하는 것'에 대한 좋지 않은 편견이 지배적이다. 더욱이 직장인이 두 가지 일을 하면 회사일은 당연히 불성실할 것이라고 생각하는 사람이 많다. 그렇기 때문에 자신이 맡고 있는 회사일은 최선을 다해 수행해야 한다. 만약 업무상 실수를 저지르거나 성과가 저조하면 당연히 투잡을 하기 때문에 그런 것이라고 지탄을 받기 십상이다.

회사에 비밀로 하는 것도 하나의 방법이다. 공모전을 한다는 것이 회사에 알려져 봐야 업무시간에 일 제대로 안 하고 공모전이나 한 것이냐는 의심의 눈초리를 받거나 상금으로 수상턱이나 쏘라는 소리밖에 들을 게 없다.

또한 기업에는 기업윤리가 연구자에게는 연구윤리가 있듯이 직장인에게는 직업윤리가 있다. 투잡을 하면서 회사의 중요한 정보, 기밀, 자원 등을 임의로 사용하면 직업윤리에 벗어나는 것이며, 자칫 범법행위가 될 수도 있으므로 유의해야 한다.

> 직장의 법칙, 운영원리와 원칙을 이해하고 따르는 임직원은 회사가 훨씬 더 관심을 갖고 챙긴다. 반대로 직장의 원리를 부정하면서 다르게 행동하는 임직원은 설사 그가 회사를 나가더라도 붙잡지 않는다. 아니 오히려 내보내려고 애를 쓸지도 모른다.
>
> 신현만, 『회사가 붙잡는 사람들의 1% 비밀』

둘째, 주말형 인간이 되어라. 한때 아침형 인간이 유행하면서 전 국민의 기상시간을 앞당긴 적이 있다. 공모전 역시 이른 아침 맑은 정신에서 작업을 하면 좋겠지만 직장인은 아무리 일찍 시작해도 9시까지는 출근을 해야 하므로 중간에 맥이 끊기는 문제가 있다.

그러므로 평일에는 아이디어를 구상하거나 자료를 수집하고 지속적으로 집중해야 하는 기획서 작성은 토요일과 일요일을 이용해서 집중적으로 하는 것이 좋다.

> 인간의 삶 가운데 주말은 약 30퍼센트를 차지한다. 거의 3분의 1에 가까운 시간이다. 그렇게 중요한 시간이기에 적극적인 경영의 대상으로 삼아야 하는 것이다. 주말경영을 통해 우리 인생의 3분의 1이 좀 더 풍요로워질 수 있음을 기억하자.
>
> 공병호, 『주말경쟁력을 높여라』

잦은 야근, 늦은 회식 등으로 직장인이 평일에 자기만의 시간을 갖는다는 것은 쉽지 않다. 평일에 무리해서 공모전을 준비하는 것보다는 주중에는 머릿속에서 전체적으로 기획할 내용을 구상하고 주말에 최대한 집중력을 발휘하는 것이 효율적이다.

셋째, 가족을 적극적으로 활용하라. 공모전 투잡족이 되기 위해서는 가족의 이해와 협조가 절대적으로 중요하다. 주말과 휴일을 가족과 함께 즐기지 못하고 자료를 수집하기 위해 도서관을 가거나 방 안에 들어앉아 기획서를 작성하게 되는 경우가 종종 있다. 물론 미혼일 경우에는 별문제가 되지 않지만 결혼하고 아이까지 있는 상황이라면 자신이 공모전과 관련된 일을 하는 동안 육아와 가사를 전담해줄 수 있는 배우자의 역할이 매우 중요하다.

또한 가족은 아이디어를 평가해주는 사전 심사위원 역할도 해준다. 필자 역시 아이디어가 떠오르면 언제나 와이프에게 먼저 설명하고 그에 대한 의견을 듣는다. 공모전 심사위원은 전문가로 구성되지만 일반인이 쉽게 이해할 수 없는 아이디어라면 그들을 설득시키기는 더욱 어렵기 때문이다.

가끔은 자료를 조사해달라거나 문서 등의 편집과 작성을 부탁할 때도 있다. 촉박한 시간 내에 방대한 양의 일을 해야 하는 경우에는 불가피하게 가족의 도움을 받는다. 이런 것도 비용을 지불하고 아르바이트생을 고용하는 것이 아니라 가족이나 가까운 지인이 해줄 수 있는 부분이다. 하지만 가족에게 무조건적인 이해와 협조만을 요구할 수는 없는 노릇이다. 마땅히 그에 상응하는 피드백을 해줄 필요가 있다.

공모전에서 받은 상금은 와이프에게 준다든가 상을 받은 날에는 외식이나 선물을 준비하는 식으로 가족들의 노고에 보답을 해야 선순환적인 구조가 이루어진다.

공모전
꿈나무 키우기

　수년 전 MBC, 조선일보 등 각종 언론에 공모전을 통해서 취업에 성공한 사례로 보도된 적이 있다. 이후 잡코리아, 커리어 등 취업 관련 기업과 전국 각지의 대학교에서 강의 요청이 들어왔다. 이때를 기점으로 혼자만의 행사였던 공모전을 공식적으로 다른 이들에게 전수하게 되었다.

　2004년 국내 최초로 공모전을 주제로 한 특강을 4회에 걸쳐 숙명여대에서 개최했다. 그 후부터 연세대, 경희대, 세종대, 안양대, 부경대, 대전대, 동덕여대, 충남대 등 많은 대학교 강단에 서서 학생들에게 공모전의 의미와 노하우를 전했다. 특강의 형태도 가장 일반적인 두세 시간짜리 단시간 특강, 1박 2일 캠프형 특강, 몇 주에 걸친 장기 특강 등 다양하게 구성하였다. 강의를 하면 강사료라는 금전적인 이익도 있지만 그것 보다 가르친 학생들의 발전된 모습에서 얻는 정신적인 이익이 더 크다.

학생들의 반응을 보면 2010년을 기점으로 많은 것이 바뀌고 있음을 알 수 있다. 2010년 이전에는 주로 '공모전이라는 것이 있는지 몰랐다. 좋은 정보를 알려주셔서 감사하다', '취업을 위해 무엇을 준비해야 하나 고민이 많았는데 공모전을 해야 할 것 같다' 등 공모전을 처음 접하거나 앞으로 준비하려는 학생들이 대부분이었다. 그런데 최근의 반응

▲ 대학생들을 대상으로 한 공모전 특강

을 보면 '매번 공모전에서 떨어지는 이유를 이제야 알았고, 이제는 수상할 수 있을 것 같다', '지난번 수업을 들은 덕분에 공모전에서 입상할 수 있었다' 등 학생들이 공모전에 많이 참여하고 있고 대중화되었다는 것을 알 수 있다.

강의를 듣고 대학생활의 새로운 목표와 관점을 갖게 되었다는 학생, 3학년 때 수업을 듣고 공모전을 시작했는데 상을 받고 원하는 기업에 취업했다는 학생, 미국 대학교로 유학을 가기 위한 에세이에서 공모전 경력을 강조했더니 부족한 영어점수에도 불구하고 입학하게 되었다는

학생 등, 공모전 수업을 통해서 수많은 대리만족과 뿌듯함을 느낀다.

물론 대학생들만 대상으로 공모전 강의를 하는 것은 아니다. 비정기적으로 공모전 스터디를 열어서 많은 사람에게 공모전을 알리고 그들이 공모전을 활용해서 각자의 목표를 달성할 수 있도록 도움을 주고 있다.

공모전 방법론 10단계

공모전 완벽대비

- 실전편 -

비판적 합리주의자 칼 포퍼Karl R. Popper는 방법론의 개념을 다음과 같이 정의했다.

"실증이 되면 그 이론은 검증을 통과한 셈이 된다. 그 이론을 버릴 이유가 나타나지 않았기 때문이다."

칼 포퍼가 정의한 것처럼 어떠한 현상이나 문제를 연구와 실험을 통해 검증하여 이론화한 체계를 방법론이라고 말한다.

본 장에서는 공모전 방법론을 이야기할까 한다. 공모전을 하면서 직접 검증하고 실험하여 이론화한 방법론이다. 이는 오랜 시간 다양한 공모전에 도전하면서 습득한 노하우이기도 하다.

10여 년 동안 차곡차곡 실증을 거쳐 완성된 필자만의 이론을 '공모전 방법론 10단계'로 체계화했다. 아이디어 공모전뿐만 아니라 거의 모든 공모전에 이 10단계 방법론을 적용하면 공모전 프로세스를 쉽게 이해할 수 있을 것이다.

또한 컨설팅과 신사업기획 등 회사에서 실무를 하면서 얻게 된 지식들도 함께 담았으므로 기획, 마케팅, 보고 등 직장생활을 하는 데 있어서도 유용하게 활용할 수 있을 것이다.

크고 작은 공모전 중에서
하나 골라내기

공모전은 정보전이다

공모'전'戰은 아이디어 '전' 이전에 정보'전'의 양상을 띠고 있다. 얼마나 많은 정보를 빠르고 정확하게 입수하느냐, 얼마만큼 정보를 잘 관리하느냐, 어떻게 정보를 활용하느냐에 따라서 공모전의 성패가 결정된다.

언제나 유비有備면 무환無患이요, 일찍 일어나는 새가 먹잇감을 잡는 법. 공모전의 정보를 사냥하는 능력이 뛰어나려면 부지런해야 한다. 부지런히 정보감을 찾아다니는 성실성에 비례하여 실전에 투입하는 시간과 비용을 절감할 수 있으므로 결국은 남보다 더 여유롭게 공모전을 준비할 수 있다.

공모전 개최 정보를 검색하는 목적은 정보를 가능한 한 빨리 그리고 많이 찾아내는 데 있다. 공모전이라는 분야가 지금처럼 활성화되기 전까지만 해도 공모전에 관한 정보는 주로 몇몇 일간지나 회사 홈페이지, 학교 게시판 등 한정된 범위 내에서만 접할 수가 있었다. 요즘은 공모전 관련 정보만을 모아놓은 인터넷 사이트들이 많기 때문에 그곳을 이용한다면 몇 번의 클릭만으로 보다 간편하고 신속하게 공모전에 관한 정보들을 접할 수 있다.

취업정보 사이트인 잡코리아, 인크루트, 스펙업은 수상후기, 개최사 인터뷰, 가이드 등 다양한 콘텐츠를 제공하므로 다방면으로 정보를 습득하는 것이 가능하다.

공모전 사이트 중에서도 정부에서 운영하는 '국민신문고'는 반드시

✓ 공모전 정보 사이트

사이트명	웹사이트 주소
잡코리아 공모전	http://contest.jobkorea.co.kr
씽굿 공모전	http://www.thinkcontest.com
스펙업	http://cafe.naver.com/specup
인쿠르트 공모전	http://gongmo.incruit.com
대티즌	http://www.detizen.net
사람인 공모전	http://contests.saramin.co.kr
아웃캠퍼스	http://cafe.naver.com/outcampus.cafe
캠퍼스 정글	http://campus.jungle.co.kr
스펙천국	http://spec.alba.co.kr
창조경제타운	http://www.creativekorea.or.kr/contest
와우 서울	http://wow.seoul.go.kr
국민신문고	http://www.epeople.go.kr

들어가 보길 권한다. 강추하는 데는 이유가 있다.

첫째, 공모전 주제 대부분이 시정 발전을 위한 제안이므로 주변에서 포괄적 주제의 아이디어 도출이 용이하다.

둘째, 제출해야 하는 제안서 분량이 통상 A4 2~3페이지 안팎이므로 비교적 짧은 시간 내에 작성할 수 있다. 가끔은 한 페이지에 아이디어 개요, 개선안, 기대효과 정도의 내용만 작성하는 경우도 있다.

셋째, 기획서 제안 후 해당 담당부서에서 상세한 피드백과 처리 상황을 통보해주므로 아이디어 개선과 이력 관리에 도움이 된다. 제안한 아이디어가 채택되지 않은 이유를 명확하게 알 수 있으므로 아이디어를 향상시키는 데 큰 도움이 된다.

넷째, 공모전 주제가 포괄적인 만큼 다시 제출할 수 있는 대상이 많다. 물론 동일한 기획서를 중복으로 접수하면 안 되겠지만 떨어진 기획서를 보완해서 다른 곳에 제출할 수 있는 기회가 있다.

다양한 방법으로 정보찾기

가장 기본적인 정보찾기의 시작은 네이버, 다음, 구글 등 검색포털에서 직접 '공모전'이라는 키워드를 검색해보는 것이다. 그러면 각종 공모전 관련 커뮤니티가 나온다. 그중 자신에게 적당하다 싶은 커뮤니티를 찾아서 가입하고 자주 방문한다면 도움이 되는 정보를 얻을 수 있다.

자신이 관심을 두고 있던 회사에서 매년 주기적으로 공모전을 개최하고 있다면, 그 회사의 홈페이지를 즐겨찾기에 추가하고 해당 기간이 되면 공모전 정보를 꼼꼼하게 확인하는 것이 좋다. 평소에 틈 날 때마다 회사 홈페이지를 방문하는 습관을 들이면 새로운 공모전이 열린다든지 다음 공모전 일정이 어떻게 변동되었다든지 하는 의외의 소식도 미리 접할 수 있다.

아무리 컴퓨터 앞에서 몇 번의 클릭만으로 많은 정보를 얻을 수 있는 시대라고 하지만, 밖으로 나가 직접 사람들과 만나서 얻는 정보 또한 결코 적지 않다. 공모전 커뮤니티, 동호회 등의 모임에 참석하여 회원들과의 대화를 통해 공모전 개최에 관한 정보를 얻는 것도 좋은 방법이다.

또한 벽보, 무가지, 방송 홍보에서도 공모전 소식을 발견할 수 있다. 모니터를 통한 인터넷에서는 무심코 넘길 수 있는 정보일지라도 다른 매체를 통해 직접 눈으로 확인해본다면 전과 다른 새로운 의미로 다가올 때가 있다. 인터넷에는 너무 많은 정보가 있기 때문에 오히려 실생활에서 얻게 되는 정보들을 더 주의 깊게 바라보기도 한다.

목표하는 공모전이 있다면 날마다 새롭게 생겨나는 정보를 꼼꼼하게 체크하고, 버릴 것은 버리는 방법을 알아야 한다. 최대한 자신에게 맞는 정보를 남보다 빨리 입수하는 능력이야 말로 공모전에서 상위권에 드는 필수조건이다.

가만히 앉아서 손가락으로 클릭하는 인터넷 검색에만 의존할 것이 아니라 온몸으로 여기저기 정보를 캐고 다닌다면 본인에게 가장 적합한 공모전을 반드시 찾아낼 수 있을 것이다.

Stage 02

실현 가능한지 살펴보고
결정하기

실현 가능한 공모전 분야 정하기

응모하려는 공모전을 찾았다면 해당 공고문을 꼼꼼하게 살펴보아야
한다. 궁금한 점이 생겼을 때는 개최사의 공모전 담당자에게 직접 문의
를 해서라도 확인을 해야 한다. 공모전을 분석함에 있어 응모요강을 통
해 살펴보아야 할 항목들에 대해 알아보도록 하자.

첫째, 응모 주제이나. 자유 주제로 개최되는 공모전도 있지만 대부분
의 공모전은 특정 주제를 제시하는 곳이 대부분이다. 혹은 특정 주제와
자유 주제 모두 응모가 가능하나 특정 주제로 작성할 경우 가산점을
주는 경우도 있다.

둘째, 진행일정이다. 일반적으로 공모전 공고와 기획서 최종 제출일이 동시에 공고되지만, 간혹 참여신청서 제출일이 별도로 존재하는 경우가 있다. 이는 주최 측에서 공모전에 참여하는 인원을 사전에 예측하고 그에 따라 대응할 수 있는 방안을 수립하기 위함이다.

혹시 참여신청서를 제출해야 하는 기간을 놓쳤다고 해서 포기할 필요는 없다. 평가를 하기 위함이 아닌 오로지 접수만을 위한 차원일 경우 담당자에게 부탁하면 받아주기도 한다.

최종 제출일도 종종 연장되는 경우가 있는 만큼 해당 공모전을 준비하는 과정에서도 공지사항을 자주 확인해야 한다. 또한 최종 제출을 마쳤다고 끝이 아니라 1차 심사발표, PT 발표, 최종 심사 등 이후 진행되는 일정도 꼼꼼하게 챙겨야 한다.

셋째, 참가자격이다. 참가자격은 일반인, 대학생, 대학원생, 성별, 지역 등에 따라 제한이 있을 수 있다. 만약 자신이 해당되지 않는다면 해당 자격을 갖춘 사람과 공동으로 지원하는 방안도 고려해볼 수 있다.

서울시에서 개최하는 「챌린지1000 프로젝트」는 '서울에 거주 중인 20~30대'가 대상이지만 팀장만 조건을 갖추면 되고 팀원은 과반수만 해당 조건을 충족하면 된다. 때로는 개최하는 기관에서 운영하는 프로그램에 참여한 인원만이 응모할 수 있는 공모전도 있다.

넷째, 심사기준이다. 공모전에 작품을 제출하면 개최사에서는 일반적으로 해당 분야의 전문가들에게 심사기준을 제시하고 평가를 수행토록 한다. 이러한 심사평가표는 공모전 참가자들에게 공개하는 경우도 있지

만 그렇지 않은 경우도 있다.(아래 표 참조)

　최근에는 전문가들뿐 아니라 네티즌들이 해당 아이디어를 평가하거나 일반인으로 평가단을 구성하여 점수에 반영하는 등 심사하는 방식이 다양화되고 있는 추세이다.

　개최사에서 심사기준과 항목별 배점을 공개하는 경우에는 공고문을 참조하여 배점이 높은 항목에 중점을 두어 작성을 하도록 한다.

　다섯째, 접수방법이다. 접수방법은 크게 온라인과 오프라인으로 구분한다.

　온라인은 공모전 담당자의 이메일로 접수하거나 개최기관이 운영하

☑ 심사절차 및 기준

1차 심사 : 완성도, 독창성, 활용성 등 항목별 평가(서류심사)

구분	배점	
완성도 (40점)	40점	제출서류 완비 및 정상 동작
	35점	제출서류는 완비했으나 작품 동작 미숙
	30점	제출서류 누락 및 작품 동작 미숙
독창성 (25점)	25점	완전 새로운 아이디어, 실생활 관련성
	20점	기존 서비스 업그레이드 및 고도화된 아이디어
	15점	기존 전시회에서 나오거나 업체 발표 작품
활용성 (25점)	25점	단기적으로 상용화 가능하며, 활용성 풍부
	20점	중, 장기적으로 상용화 가능 (사업 이슈, 플랫폼 이슈, 규제 이슈 등의 문제)
	15점	기존 비슷한 형태로 상용화되었거나 준비 중인 아이디어
기타 (10점)	10점	참가자 노력, 열의 등

☑ 심사절차 및 기준

2차 심사 : 독창성, 활용성, 수익성, 난이도, 발표력 등 평가(발표 및 작품 시연 평가)

구분	배점	
독창성 (25점)	25점	제출서류 완비 및 정상 동작
	20점	제출서류는 완비했으나 작품 동작 미숙
	15점	제출서류 누락 및 작품 동작 미숙
활용성 (25점)	25점	완전 새로운 아이디어, 실생활 관련성
	20점	기존 서비스 업그레이드 및 고도화된 아이디어
	15점	기존 전시회에서 나오거나 업체 발표 작품
수익성 (20점)	20점	단기적으로 상용화 가능하며, 활용성 풍부
	15점	중, 장기적으로 상용화 가능 (사업 이슈, 플랫폼 이슈, 규제 이슈 등의 문제)
	10점	기존 비슷한 형태로 상용화되었거나 준비 중인 아이디어
난이도 (20점)	20점	난이도 상(전문적 능력이 돋보임)
	15점	난이도 중(탄탄한 개발 능력과 상당한 노력이 투입됨)
	10점	난이도 하(기초 지식만 있으면 누구나 구현이 가능함)
기타 (10점)	10점	서류 및 작품의 완성도, 발표 태도 및 열의 등

출처: Smart TV-SC.org

는 웹사이트의 공모전 관련 게시판이나 별도 공모전 전용 웹사이트에 업로드하는 방식이 있다.

오프라인은 우편으로 접수하거나 개최기관을 직접 방문하여 접수를 하는 것으로 최근에는 광고/마케팅 공모전에서 패널 제출을 하는 경우 말고는 거의 사용하지 않는다.

여섯째, 제출서류이다. 공모전에서 출제한 과제를 제출할 때 결과물 만 제출하는 것이 아니라 요약문, 신분증, 재학/재직증명서 등을 같이 접수해야 하는 경우가 있다. 또한 최근 개인정보 유출 등의 문제가 이슈화 되면서 개인정보 활용동의서를 제출하라는 공모전도 있다.

간혹 최종 결과물은 완성되었으나 증빙서류를 미처 다 갖추지 못할 때가 있는데, 이럴 때는 담당자에게 양해를 구해 추후 접수하는 방안도 고려해보아야 한다.

마지막으로 소유권이다. 공모전 공고문의 하단에는 대부분 '입상작(또는 수상작)의 저작권은 회사(또는 주최 측)로 귀속되며 응모작은 반환하지 않는다'라는 문구가 있다. 일부 기업에서는 입상작이 아닌 경우에도 제출한 모든 작품에 대해 소유권을 주장하는 경우가 있어 응모자들의 원성을 사기도 했다.

최근 정부에서는 2013년 12월 미래창조과학부장관 주재로 〈공모전 아이디어 보호 가이드라인〉을 마련해 2014년 1월부터 공공 부문에 적용한 후 민간 부문으로 확산토록 추진하고 있다.

이처럼 공모전 제출자의 지적재산권에 대한 권리가 강화되는 추세이긴 하지만 공모전에서 상을 받으면 권리를 주장하는 데 한계가 있다. 때문에 본인이 직접 사업화를 하거나 공개해서는 안 되는 지식재산권(특허, 실용신안, 상표, 디자인, 저작권)이라면 공모전 응모를 하지 않는 것이 바람직하다.

특허청, <공모전 아이디어 보호 가이드라인> 발표

[목적]
공모전 아이디어 보호 가이드라인은 아이디어 공모전(이하 "공모전"이라 한다)을 주최·주관하는 기관(이하 "주최 측"이라 한다)이 공모전을 운영하는 과정에서 타인의 아이디어를 무단으로 유용하는 것을 미연에 방지하고 정당한 보상 문화를 확산하는 등 공정하고 건전한 공모전 운영 관행을 확립하는 것을 목적으로 한다.

[주요 내용]
가이드라인은 국민들의 아이디어 보호를 위해 공모전이 준수해야할 '핵심 사항'을 아이디어 보호 및 공정성 관점에서 규정하였다.

첫째, 지식재산 제도의 기본 원칙에 따라 응모된 아이디어에 대한 권리가 아이디어 제안자에게 귀속되도록 명문화하였다.

둘째, 공모전 숲 단계에서 아이디어가 도용되거나 유출되는 것을 방지하기 위해 주최 측의 비밀준수의무 등을 명시하였다.

셋째, 주최 측이 일방적으로 공모전 수상작에 대한 지식재산권 등 모든 권리를 못 가져가도록 하고, 주최 측이 수상작을 활용하는 것에 대한 아이디어 제안자의 선택권을 강화하도록 하였다.

넷째, 응모 아이디어와 관련한 분쟁이 발생할 경우, 아이디어 제안자가 조정·중재·소송 등 다양한 분쟁해결 수단을 선택 가능하도록 하고, 공모전 약관이나 요강을 위반하여 제안자에게 손해가 발생할 경우 주최 측의 손해배상책임을 규정하였다.

아울러, 공정거래위원회와 협의하여 이번 가이드라인보다 아이디어 제안자에게 불리하게 규정된 공모전 약관이나 요강은 불공정 약관 조항으로 결정될 수 있도록 함으로써, 실질적인 이행력을 담보하도록 하였다.

출처: 특허청(2013)

아이디어 공모전은 필수 코스

자신의 역량과 상황을 고려하여 공모전 8대 분야(페이지 41) 중 한 가지 분야를 선택해야 한다. 특정 공모전 분야가 현재 자신의 회사 업무와 일치하거나 정말 자신 있는 것이 아니라면, 다음 세 가지 이유로 아이디어 공모전을 선택하길 권장한다.

첫째, 작성 분량이 적다. 논문 공모전의 작성 분량은 A4 기준으로 최소 15페이지가 넘는다. 광고/마케팅 공모전도 수십 장의 PPT를 작성해야 한다. 반면 아이디어 공모전은 5페이지 내외의 기획서만 작성하면 되므로 시간적인 측면에서 유리하다.

둘째, 공모전 주제가 다양하다. 주제가 대부분 우리 주변에서 쉽게 찾아볼 수 있는 익숙한 영역으로 신제품기획, 여행상품, 금융상품, 정책제안, 예산절감, 제품홍보 등 다방면에 걸쳐 있어 선택의 폭이 가장 넓다.

셋째, 회사의 기획서 양식과 유사하다. 직장인이라면 누구나 만들어 봤을 회사의 기획서. 아이디어 공모전에 제출하는 기획서도 그것과 크게 다르지 않다고 보면 된다. 기획서 양식뿐만 아니라 기획서를 준비하고 상사에게 보고하는 전체의 과정이 공모전 수행과 유사하여 쉽게 참여할 수 있다.

나만의 공모전 옥석가리기

한 분야라도 수많은 공모전이 존재한다. 그중에서도 옥석玉石을 가려낼 필요가 있다. 그래야 하는 이유는 충분하다. 그렇다면 어떤 기준으로 공모전의 옥석을 가릴 수가 있을까? 매우 주관적인 문제이긴 하지만 다음과 같은 기준을 적용해본다면 적당한 해답이 나올 것이다.

첫째, 자신의 목적에 적합한가? 공모전의 수와 종류가 얼마나 많은지는 더 이상 말하지 않아도 알 것이다. 일단 앞에서도 언급했듯이 크게는 메이저급 공모전과 마이너급 공모전으로 분류된다. 하지만 가장 중요한 것은 자신의 목적과 부합하느냐 그렇지 않느냐이다.

상금이 공모전에 참가하는 절대적인 목적이라면 상금이 큰 메이저 공모전에 참가하는 것이 좋을 것이다. 물론, 상금이 큰 만큼 경쟁률도 높겠지만 이왕 상금을 노리고 시작하는 거라면 비슷한 노력으로 높은 성과를 내는 쪽으로 선택하는 것이 낫다.

단지 경력이나 자신감 고취, 다른 공모전을 위한 워밍업 정도로만 생각한다면, 비교적 규모가 작고 인지도가 낮은 공모전이라도 무방하다. 수상할 확률까지 감안한다면 마이너급 공모전에 참가하는 것이 자신에게 훨씬 유리하다. 만약 공모전에 참가하는 목적이 향후 자신의 커리어에 도움이 되기 위함이라면 전공과의 연계성이나 관심 분야와의 연관성, 동종업계 취업 시 유리하게 작용하는지 등이 공모전을 선택할 때 가장 중요한 기준이 될 것이다.

둘째, 전통이 있는가? 목적을 정한 다음에는 자신이 참가하려는 공모전이 전통을 지니고 있는가를 따져보아야 한다. 최근에 생겨난 신생 공모전은 전통 있는 공모전에 비해 경쟁률은 낮지만 지속적인 개최를 확신하기 어렵다.

물론 신뢰도가 높은 기업이나 기관에서 주최한다면 앞으로도 자사 공모전에 계속적인 지원과 관심을 보일 가능성이 높다. 그러나 특정한 의도를 가지고 단발성으로 개최되는 공모전이나 신뢰성이 부족한 기업 및 기관에서 개최하는 공모전의 경우, 발표 당일 마땅한 수상작이 없어서 뽑지 않았다는 공지로 참가자를 허탈하게 하는 사례도 있다.

특히, 자신의 경력을 관리하기 위해 공모전에 도전하는 경우에는 분야별로 최소한 5회 이상 지속적으로 개최 중인 공모전을 선택하는 것이 바람직하다. 1회나 2회 정도까지만 개최하다가 도중에 없어져버리는 공모전들이 많아서 입상한다 해도 막상 경력에는 큰 도움이 되지 않을 수 있기 때문이다.

셋째, 공신력이 있는 곳에서 개최하는가? 무턱대고 공모전이 열린다고 참가를 결정하기보다는 개최기관의 신뢰성부터 점검하는 자세가 필요하다. 위의 두 번째 기준과 일맥상통하는 부분도 있으나, 공모전 자체가 좋아보여도 회사가 허술하면 예측 못한 문제가 발생할 수 있다. 인지도가 높은 기업이나 기관에서 개최하는 공모전이라면 일단은 믿을 만하다고 보면 된다.

이런저런 공모전이 넘쳐나는 상황에서 공모전을 개최하는 모든 주체들이 다 믿을 만한 곳은 아니다. ~협회, ~재단 등의 이름을 걸고 마치 공공기관인 듯 분위기를 풍기며 사람들을 현혹하는 공모전들도 적지 않게 개최되고 있다. 이런 곳들은 제안자들의 아이디어만 받아서 활용하고 시상을 하지 않기도 한다.

넷째, 상금 외의 부분도 고려하라. 공모전 참가자들에게 상금이 높다는 것은 엄청난 매력이다. 하지만 반드시 상금이 높아야만 좋은 공모전이라고 할 수는 없다. 최고의 상금이 걸린 공모전이라도 적절한 수상작이 없으면 선정하지 않겠다는 단서가 걸려 있을 수 있다.

오히려 상금 외의 다른 혜택에도 눈을 돌려볼 필요가 있다. 비록 상금은 적더라도 채용 시 가산점, 서류전형 면제와 같은 파격적인 특전을 제공하는 공모전들도 많기 때문이다. 이는 공모전 개최기관이 그만큼 전사적인 차원에서 공모전에 대한 관심과 기대를 보이고 있다는 증거이기도 하다. 단지 상금만을 기준으로 공모전의 참가 여부를 결정할 것이 아니라, 상금과 함께 부상으로 주어지는 특전이 무엇인지도 꼼꼼히 따져봐야 한다.

누구보다 전략적으로 선정하기

앞서 공모전의 옥석을 가렸다면 이제는 공모전에서 수상할 확률을 높이기 위한 전략적인 공모전을 선정해야 할 차례이다. 자신에게 딱 맞는 좋은 공모전을 선정하는 세 가지 방법은 다음과 같다.

첫째, 응모자격이다. 공모전에 참가할 수 있는 자격을 의미한다. 누구나 응모가 가능하다면 경쟁률은 높아지고 그만큼 수상할 확률은 낮아진다.

일반적으로 가장 많은 응모자격은 대학생이다. 대학생이라도 자세히 체크해야 할 것이 대학원생 제외, 국내 소재 대학(원)생, 휴학생 제외, 대학원생 중 박사과정 제외 등으로 응모자격이 세분화되는 경우가 많다. 직장인이라도 대학에서 석·박사과정을 병행하고 있다면 대학원생에 해당하므로 범위가 넓어진다.

둘째, 성별이다. 남녀평등의 시대라고는 하지만 공모전에서는 남녀불평등이 존재한다. 여성창업경진대회, 생활발명코리아 등 여자만이 참여할 수 있는 공모전이 존재하는 만큼 여자라는 이유만으로도 입상할 확률이 높아지는 것이다.

▲ 여성만 참여 가능한 공모전(예시)

셋째, 지역이다. 주로 지자체나 지역기반의 공공기관에서는 지역민, 해당 지역에 소재한 기업에 재직 중인 회사원이나 대학교에 재학 중인 대학(원)생 등 지역을 기준으로 응모자격을 한정하는 경우가 많다.

▲ 지역민만 참여 가능한 공모전(예시)

혼자 할까?
아니면 여럿이서 함께 할까?

빨리 가려면 혼자 가고 멀리 가려면 함께 가라

영국의 한 신문사가 영국의 가장 끝에 있는 지역에서 런던까지 오는 여러 가지 방법 중에 가장 빠른 방법을 찾는다는 광고를 냈다. 실제로 선정된 아이디어에 1만 파운드(한화 약 2,000만 원)의 상금도 걸었다. 큰 상금의 규모에 일반인들뿐 아니라 수학자와 교통전문가 등 우수한 사람들이 응모에 뛰어들어 치열한 경쟁을 펼쳤다. 비행기, 기차, 자동차, 오토바이를 이용하는 방법, 최단거리의 지름길을 측정해서 교통수단을 적절히 혼합한 방법 등 다양한 답들이 제시되었다.

하지만 어떤 아이디어를 제시해도 모두가 동의하는 답을 찾기는 쉽지 않았다. 결국 누군가가 내놓은 '좋은 친구(사랑하는 사람)와 함께 간다'는 방법이 상금을 타게 되었다고 한다.

공모전에 도전하는 초보자들은 대개 혼자서 준비하는 부담을 덜기 위해 팀을 구하려고 한다. '백지장도 맞들면 낫다'는 옛 속담의 지혜를 빌리지 않더라도, 초보자 혼자서 맨땅에 헤딩하는 것보다는 그래도 누군가와 함께 공모전을 준비하는 것이 여러모로 도움이 될 것임은 당연하다.

공모전 초보자 대부분은 역시 자신과 비슷한 수준의 사람들과 함께 팀을 구성한다. 그들은 공모전에 대한 '경험'과 '지식'이 아닌, 불타는 '열정'만을 가지고 모였을 가능성이 높다. 그러나 공모전 초보자들이 열정 하나만으로 공모전에서 상을 타기란 그야말로 "하늘의 별따기"다.

공모전 고수들은 혼자 작업하는 데 익숙한 사람들이다. 하지만 공모전 고수들도 때로는 팀을 구성하여 공모전을 준비하기도 한다. 팀을 구성하고 있는 참가자만을 대상으로 필수 자격 요건 중 하나로 명시하는 공모전이 많기 때문이다. 그들은 이미 공모전 준비에 대한 개요와 콘셉트를 분명하게 파악하고 있어서, 맨땅에 헤딩하려는 공모전 초보자들보다는 자신의 청사진에서 구체적인 한 영역을 전문적으로 담당해줄 수 있는 팀원을 원한다. 경험 많은 공모전 고수들이 '사공이 많으면 배가 산으로 간다'라는 옛 속담의 지혜를 모를 리 없다. 혼자서도 충분한 일을 굳이 공동으로 작업을 해서 골치 아파할 필요는 없는 것이다.

초보자든 고수든 팀을 조직하려 한다면, 팀을 조직해서 얻을 수 있는 효과에 대해 고민해야 한다. 팀 조직의 목적은 '시너지^{synergy}효과'를 얻기 위해서이다.

즉, '1+1'이 '2' 이상이 될 수 있
도록 팀의 효과를 극대화시키는
것이다. 시너지는 괜히 백지장을
맞들다 찢어버리는 어리석음을
이르는 것이 아니라, 사공이 많
아도 배가 산으로 가지 않고 바

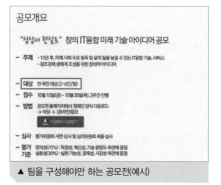

다를 향해 더욱 빠르게 전진할 수 있는 협동의 지혜를 일컫는다. 공동
의 목표가 분명하고 역할이 효율적으로 분담이 되었을 때, 시너지효과
가 발생한다.

너 자신을 알라

우선 팀을 구성하는 방법에서부터 고민하기 시작해야 한다. 어떻게
팀을 구성해야 공모전에서 높은 성과를 낼 수 있을 것인가. 바꾸어 말
하면, 나는 어떠한 팀을 원하는가. 이러한 문제를 해결하기 위해서는 먼
저 자신에 대한 객관적인 성찰이 필요하다.

> 재능이란 생산적으로 쓰일 수 있는 사고, 감정, 행동의 반복되는 패
> 턴이다.   마커스 버킹엄, 『위대한 나의 발견 강점 혁명』

즉, 나 자신의 재능에 대해 잘 알고 있어야 한다. 자신의 강점과 약점

을 제대로 알지 못하면 팀원을 구성하거나 팀원으로 속하는 데에 많은 어려움이 있을 수 있다. 효율적이고 효과적인 팀을 구성하기 위해서는 팀원 각자의 강점들이 전체적인 조화를 이루어야 한다.

만일 자신이 직접 팀을 조직하려고 한다면 적어도 자신의 강점 하나 정도는 분명하게 내세울 수 있어야 한다. 비록 공모전 수상에는 실패했더라도, 참가해본 경험이 많다든지, 아니면 특정 분야에 관한 지식수준이 높다든지, 그것도 아니면 적어도 PPT를 잘 다룬다는 강점이 적어도 하나는 있어야 팀 전체에 도움이 될 것이다. 그리고 자신이 내세운 강점은 팀원을 구하고 있는 다른 사람들에게 참고가 될 수 있는 구체적인 기준을 제시해줄 수 있다.

또한 자신의 강점뿐만 아니라 약점에 대해서도 분명히 인식하고 있어야 한다. 공모전을 준비하기 위해 팀을 조직할 때에는 무엇보다도 팀원들의 상호 보완적인 관계에 중점을 두어야 한다. 공모전 팀에서는 비슷한 강점을 지닌 사람들만 모였다고 해서 이 점이 반드시 그 팀의 강점으로만 작용하지 않는다.

팀원들이 기본적으로 컴퓨터를 조작하는 능력을 갖추고 있다면 기술적으로 컴퓨터를 다루는 것에 능한 사람은 한 명이면 족하다. 자신이 아이디어 기획에는 상한데 이를 풀어내는 논리나 문장력이 부족하다면, 논리적이고 문장력이 뛰어난 팀원을 구하는 것이 급선무이다. 공모전 팀의 시너지는 강점이 강화될 때보다는, 약점이 철저히 보완될 때 극대화된다.

팀원을 구하는 '인력시장'에 나가보면 공모전 초보자들은 자기를 소개할 때 그저 '맡겨만 주시면 열심히 하겠습니다'라는 구태의연한 자세만을 보인다. 그렇게 밋밋한 자기소개는 안 하는 것만 못하다. 상대적이나마 자기가 잘할 수 있는 무언가를 확실하게 밝히는 것이 중요하다.

팀을 구성하는 사람 역시 마찬가지다. 팀을 구성하는 사람은 리더로서 팀원들에게 믿음을 줄 수 있는 무언가가 필요하다. 예를 들어, 자신이 특정 공모전에 대해 기가 막힌 아이디어를 구상

▲ 공모전 팀원 구하기 메뉴(잡코리아)

했다든지, 공모전 경험이 많아서 공모전에 관한 노하우나 가이드라인이 충분하다든지 하는 자신의 강점을 명시할 필요가 있다.

더불어 자신의 약점이나 요구사항을 구체적으로 명시하여 '어떤 능력을 갖춘 사람이 필요하다'라는 구체적인 자격 요건도 명확히 제시해야 한다.

팀워크를 향상시키자!

영화 〈오션스 일레븐〉에서 주인공 대니 오션은 라스베이거스 최대 카지노를 털기 위해 교도소에서 출감하자마자 각 분야의 전문가들을 모은다.

오션은 조직의 리더로서 치밀하게 계획을 세운다. 그 한탕 계획에 차질이 없도록 카드게임의 고수부터 소매치기, 폭파전문가, 곡예사, 사기꾼

등 여러 분야에서 뛰어난 능력을 보유한 자들을 끌어 모았다. 한마디로 카지노를 털기 위해 '드림팀'을 구성했다고 할 수 있다. 언뜻 보면 잡다하리만큼 많은 사람인데, 단단한 팀워크로 결속력을 다짐으로써 주인공은 팀의 시너지효과를 극대화시킨 것이다.

영화에서 카지노를 털기 위해 주인공이 계획한 작업 프로세스는 상당히 정교하게 구성되어 있고, 각 단계마다 적재적소에 알맞은 인물들을 배치함으로써 완벽을 기하고 있다.

팀 시너지를 극대화시키는 가장 중요한 요인 중 첫째는 팀 구성원들 간의 유기적인 협력, 팀워크이다. 그리고 훌륭한 팀워크는 팀원들의 융화에서부터 출발한다. 팀원들이 하나로 융화되지 않은 상태에서는 각 팀원들의 역할이 맞물리지 않아서 자꾸 헛바퀴만 돌게 된다.

게다가 기껏 어렵게 팀을 구성해놓았는데 팀원 한 명이 중도하차라도 한다면, 다른 팀원들까지 맥이 빠져 팀의 분위기가 일순간에 침체될 수 있다.

팀이 하나로 융화되기 위해서는 무엇보다도 팀원 간의 신뢰를 쌓아서 팀을 단단하게 결합할 수 있도록 해야 한다.

둘째, 팀워크를 위해서는 구성원 간의 커뮤니케이션이 중요하다. 역할분담이 잘 이루어져서 각자 맡은 일을 열심히 하더라도, 각자의 영역에서 부딪치게 되는 문제라든지 서로 의견을 조율해야 할 필요가 있는 문제들에 대해서는 언제나 열린 채널을 통해 언제 어디서나 이야기할 수 있는 체계가 마련되어야 한다.

그 중심에는 항상 팀장의 탁월한 커뮤니케이션 능력이 중심을 잡고 있어야 한다. 팀장은 각 영역에서 생길 수 있는 문제점들을 체크해주고, 다른 영역과의 중복이나 마찰로 인한 문제들을 중재, 조율해주는 역할을 충실하게 해주어야 한다.

마지막으로 팀워크를 향상시키기 위해서는 공유하는 목표가 뚜렷해야 한다. 팀원 간에는 공모전에 참가하는 목표가 분명하게 공유될 수 있어야 하고 팀원 각자의 의지가 하나의 목표를 향해 결집되어야 한다.

공모전 초보자들은 대개 수상에 대한 강한 의지보다는 실전 경험을 한번 쌓아보겠다는 생각으로 팀에 합류한다. 반면 팀원을 구하는 공모전 고수들은 반드시 입상하겠다는 각오와 의지로 팀원들을 구한다.

이렇게 공모전에 참가하는 목표의식이 팀원들마다 각각 다르게 형성되어 있다면 제대로 된 팀워크를 이룰 수가 없다.

상금과 혜택은 N분의 1

탁월한 팀워크로 공모전에서 입상했다. 자, 이제 상금과 혜택은 어떻게 나누어야 할까?

금전적인 문제는 민감한 부분이기 때문에 까딱 잘못하면 다툼으로 이어질 수 있다. 공모전은 다양한 요소들이 융합되어 만들어지는 것이므로 그 어느 것 하나 중요하지 않은 역할이 없다.

지금까지의 경험상 팀을 꾸려서 수상할 경우, 팀원들이 맡은 역할의 비중에 상관없이 N분의 1 원칙을 적용하는 것이 가장 합리적이다. 물론 각각의 기여도에 따라 명확하게 비율을 정할 수 있다면 좋겠지만 그렇게 하는 것이 쉽지 않기 때문이다.

상금이 없는 공모전에서는 어떨까? 언젠가 공모전 경품으로 상금 대신 아이패드를 받은 적이 있다. 당시 팀원 중에 아이패드가 필요했던 사람이 인터넷 최저가를 기준으로 돈을 내고, 나머지 팀원들이 나눠가졌던 기억이 있다.

추후에 생길 분쟁을 대비해서 공모전을 시작할 때 서로 상금을 어떻게 나눌 것인지에 대한 문제를 명확하게 논의해놓는 것이 좋다.

일정에 쫓기지 않는
계획 세우기 비법

목적과 목표 명확히 하기

로드맵^{road map}이란 앞으로의 계획이나 전략 등이 담긴 구상도 혹은 청사진을 의미한다. 공모전의 로드맵 수립을 위해서는 공모전의 참여 목적을 명확히 하고 목적을 달성하기 위한 구체적인 목표를 설정하여야 한다. 공모전에 참가하는 목적과 목표. 이 두 가지 용어는 비슷해 보이지만 확연한 차이가 있다.

목적은 어떤 일을 하는 데 있어 가장 먼저 고려하는 것으로 "그 일을 왜 하려고 하는가?"라는 질문의 답이 되는 궁극적인 이유이다. 목표는 목적을 달성하기 위해 구체적으로 해야 하는 '기간'과 '수준'이 담긴 것으로 일정 기간 내에 도달 혹은 달성해야 할 수준이다. 그렇기에 목적은 가치지향점이고 목표는 구체적이고 계량화된 설정치라고 할 수 있다. 예를 들어 A 공모전에 참여하는 목적이 해당 업계로의 이직이라면 목표는 공모전이 마감되는 날까지 완성된 기획서만 한 건 제출하는 것이 될 수 있다.

팀 작업에 있어 이러한 목적과 목표의 일치는 프로젝트를 수행하는 데 가장 기본적인 사항이므로 상호 간에 논의가 필요하다.

> 개인적·직업적으로 인생에서 이루고자 하는 중요한 것들에 대한 목표를 세웠다고 해서 손해를 보지는 않는다. 오히려 목표를 세우지 못하면 더 많은 손해를 볼 수 있다. 따라서 성공할지, 아니면 표류할지 스스로 결정할 수 있다. 목표를 갖는 것만으로 삶은 크게 달라질 수 있기 때문이다.
> 앨릭 매켄지, 『타임 전략』

R&R^{Role&Responsibility} 정하기

R&R은 기업이나 부서에서 개별 프로세스 및 조직의 구성원들이 수행해야 할 '역할^{Role}'과 그 역할의 수행에 따른 '책임^{Responsibilities}'관계의 정립을 의미한다.

올바른 역할과 책임의 관계를 정립하는 것은 보다 체계적인 업무 수행과 동기부여 및 책임의식을 고취시키며, 복잡하게 얽힌 업무일수록 전략적으로 관리하는 효과가 뛰어나다.

공모전도 이와 마찬가지로 팀원별로 명확한 R&R을 정립하여야 진행이 수월하며 특히나 온라인을 통한 팀플레이에서는 상호 간의 사전 이해가 적은 만큼 더욱 필요한 작업이다.

이러한 역할분담은 공모전 방법론의 주요 단계별로 구분할 수도 있고, 개인별 경험과 특기를 고려하여 구분할 수도 있지만 가장 중요한 것은 모든 팀원이 누가 어떤 일의 책임자가 되고 누가 그 일에 책임을 질 것인지 아는 것이 중요하다. 서로 아는 사이니까 서로 믿고 하자는 식의 접근 방법은 공모전 자체를 망치는 지름길이다.

현실적으로 실행 가능한 계획 수립하기

공모전을 준비하기 전 실행할 계획을 작성하는 것은 당연하다. 하지만 제대로 작성하는 경우는 많지 않다. 물론 공모전 경험이 어느 정도 쌓여 아이디어 기획서 정도는 하루 이틀 사이에 뚝딱 만들 수 있다면 계획은 불필요하다. 하지만 공모전을 이제 시작하는 사람이라면 제출하는 날까지의 구체적인 활동을 하루 단위로 계획하길 권한다.

이럴 때 가장 효과적인 방법이 간트차트^{Gant Chart}를 작성하는 것이다. 간트차트를 작성하는 방법은 우선 공모전 준비사항을 액티비티 단위로 만드는 것이다. 그렇게 하면 해야 할 일을 한눈에 파악할 수 있고 담당자가 누구인지도 쉽게 알 수 있다.

다음으로 액티비티별로 시작일과 마감일을 정해서 진행되는 상황을 관리해야 한다. 학창시절 시험을 앞두고 절박한 마음으로 벼락치기를 할 때 평상시보다 더 공부가 잘되는 경험을 해보았을 것이다. 특히 마감일은 팀 작업에서 상호 간 연계를 위해 철저히 관리해야 한다.

☑ 공모전 실행계획이 담긴 간트차트

	Activity		마감일	일정					담당자	
	Level 1	Level 2		Week 1	Week 2	Week 3	Week 4	Week 5	주	부
	활동사항을 레벨별로 구분하여 상세하게 기입		활동사항 마감일 기입	공모전 준비기간에 따라 일/주 단위로 작성					해당 활동사항별 주/부 책임자 기입	

공모전명

☑ 실제 작성한 간트차트(예시)

제2회 슈퍼컴퓨터 활용 아이디어 경진대회

	Activity		마감일	일정								담당자
	Level 1	Level 2		Week 1 (8/24~8/30)	Week 2 (8/31~9/6)	Week 3 (9/7~9/14)	Week 4 (9/15~9/21)	10/1	Week 5 (10/1~10/6)	10/7		
	자료수집	인터넷	8/25									한용복
		전문기관	8/28									한용복
		논문	8/29									임인종
		인터뷰	9/5									임인종
	회의	Kick-off	8/24									임/한
		1차 회의	9/5									임/한
		2차 회의	9/14									임/한
		최종점검	9/20									임/한
		3차 회의	10/5					1차 결과 발표		2차 심사		임/한
	기획서 작성	초안 작성	9/6									임인종
		본문	9/13									임인종
		최종 점검	9/21									한용복
	프레젠테이션	PPT 작성	10/2									임인종
		예상 Q&A 작성	10/3									한용복
		리허설	10/5									한용복
	제출	서류 준비	9/21									임인종
		접수(1차)	9/21									임인종
		발표자료 접수(2차)	10/6									임인종

마지막으로 액티비티별 담당자를 주/부로 구분하여 서로의 진행상황을 밀접하게 공유토록 한다. 팀 작업을 하다 보면 종종 급한 일이 생겼다며 그만두는 경우가 생긴다. 마감일을 며칠 앞두고 이런 일이 생기면 그간 준비했던 모든 것이 수포로 돌아간다. 그러므로 모든 액티비티는 주담당자와 부담당자를 정해서 둘 중 한명이 그만두더라도 백업이 가능

토록 해야 한다.

만약 당신이 공모전 팀장이라면 이러한 간트차트의 액티비티와 일정에 따라 적절한 계획을 수립하고, 팀원의 진행현황을 정확하게 관리하며, 적절한 지시를 해야 한다.

도저히 공모전 실행계획을 수립하기가 어려운 사람은 개인 다이어리나 구글 캘린더www.google.com/calendar, 네이버 캘린더calendar.naver.com 등을 활용하여 기본사항(제출일, 발표일 등)이라도 적어두고 일정을 관리하길 바란다.

숨은 자료
똑똑하게 찾는 방법

인터넷 바다에서 참자료를 낚다

주제와 아이디어 분석이 나무의 뿌리와 줄기라고 한다면, 자료수집은 잎이다. 제아무리 뿌리가 깊고 줄기가 멋지게 뻗어 있더라도, 잎이 무성하지 않으면 정서적으로 나무가 주는 풍성함을 만끽할 수 없게 된다. 주제와 아이디어는 매우 참신하고 논리정연한데, 적절한 자료가 이를 뒷받침하지 못한다면 안타깝게도 작품의 설득력은 반감될 것이다.

주제와 아이디어를 선정하고 나면, 이제부터는 사실상 '노가다'라고도 볼 수 있는 자료수집 단계에 접어들어야 한다. 작품에 도움이 되는 자료라면 언제 어디라도 달려가서 기필코 찾아내는 근성과 성실함을 갖추고 있어야 한다.

　자료수집 시, 인터넷 검색엔진을 통한 정보 검색은 가장 간단하고 기본적인 방법이라고 할 수 있다. 인터넷 검색이라고 다 같은 인터넷 검색이 아닌 것이 각각의 검색엔진마다 독특한 기능이 있기 때문에 활용에 따라 얻어지는 자료는 천차만별이다.

　대표적으로 네이버와 구글의 검색활용 방법을 알아보자.

네이버 검색 노하우

① **마침표 입력 검색**: 통합검색에서 검색 후 필요한 탭을 찾아 마우스로 이동해야 하는 불편을 덜기 위해 검색어+마침표(.)+탭이름을 활용하면 바로 원하는 탭의 자료를 볼 수 있음

② **검색옵션 기능 활용**: 통합검색의 지식인, 블로그, 카페, 웹문서의 검색옵션 기능을 추가, 검색 결과를 기간별·최신순·중복제외·출처 등 다양한 옵션별로 구분

③ **상세검색 기능 활용**: 검색창 옆 상세검색을 클릭하면 정확히 일치하는 단어/문장("”), 반드시 포함하는 단어 (+), 제외하는 단어 (−) 등의 조건검색이 가능

구글 검색 노하우

① **고급검색 활용**: 오른쪽 설정 버튼에서 '고급검색'을 클릭하면 반드시 검색에 포함되어야 하는 단어 (“”), 단어 중 1개 이상 포함(or), 제외하는 단어(−), 언어, 지역, 파일 형식 등의 옵션 활용 가능

② **검색도구 활용**: 왼쪽 하단의 검색도구 열기를 클릭하면 검색 목적에 따라 동영상·블로그·게시판 글을 모아서 보거나 특정 기간에 작성된 정보만을 검색 가능

③ **특정 서식검색**: 자료들 중 PPT, PDF 등 특정 서식으로 저장된 파일을 한정지어 검색하는 기능. 검색창에 filetype: 검색어로 검색

전문기관의 자료는 앞서가는 지름길

인터넷에서는 정부기관, 분야별 국내외 연구원, 시장조사기관 등 주제와 연관성이 높은 웹사이트에 접속하여 직접 DB를 찾아보는 방법도 있다.

한국개발연구원www.kdi.re.kr에 접속하여 국내외 연구자료를 모아놓은 '발간처별 목록' 메뉴를 보면 관련 사이트들을 모아놓았으므로 참고하면 된다. 이중에서도 삼성경제연구소와 LG경제연구원은 공모전 분야와 무관하게 필수적으로 살펴보아야 한다.

특히 삼성경제연구소에는 다양한 분야별 전문가들이 모여서 활동하는 포럼이 있으므로 관심 있는 포럼에 가입하는 것도 중요하다.

또한 증권사에서 발행하는 애널리스트 보고서는 특정 산업, 기업, 기술 등 다소 전문적인 내용을 일반인이 이해하기 쉽게 작성하였으므로 빠른 시간 내에 해당 분야를 파악할 수 있는 길이다.

▲ 애널리스트 보고서 통합검색 사이트

개별 증권사 사이트를 조회해도 되지만 네이버 '금융' 카테고리 중 '투자전략'을 보면 거의 모든 증권사의 보고서를 한눈에 조회할 수 있다.

자료의 모든 것, 국회도서관

최근 OtoOOnline to Offline가 이슈로 떠오르고 있다. 스마트폰·태블릿 PC

등을 통해 온라인에 있는 고객들을 오프라인 매장으로 유치하는 마케팅 방법과 IT 서비스를 의미한다.

국내에서 가장 많은 자료를 소장하고 있는 국회도서관에서 자료를 찾을 때 이러한 OtoO 전략을 활용할 필요가 있다.

우선 국회전자도서관에서 필요한 자료를 먼저 검색하여 '원문보기'가 가능한지 확인하도록 한다. 일부 자료들은 PDF로 다운로드가 가능하기 때문에 직접 국회도서관을 방문해야 하는 번거로움을 줄여준다.

▲ 국회전자도서관 검색화면

원문 다운로드가 안 된다면 목차나 초록 등을 살펴보고 필요한 자료인지를 판단한다. 그리고 자료명, 저자, 서가위치 등의 정보가 담긴 리스트를 준비하도록 한다.

혹시라도 찾는 자료가 모두 원문보기가 가능하다고 해도 국회도서관은 한 번쯤 꼭 가보길 권장한다. 서가에 있는 자료를 찾다보면 그 주변에 관련된 자료들도 보게 되고 오히려 더 좋은 자료를 얻는 기회도 생길 수 있다.

사람이 인터넷보다 아름다워

'내가 하면 남들도 한다.' 경쟁자들로부터 작품을 차별화시킬 수 있는 핵심 자료들은 인터넷에서 검색하는 정보에만 의존해서는 충분히 확보되지 않는다. 내가 쉽게 찾는다면, 남들도 쉽게 찾는다는 사실을 잊어서는 안 된다. 인터넷은 간편하다는 장점이 있지만, 같은 이유로 누구나 쉽게 찾을 수 있다는 점에서 단점도 있다.

같은 주제라도 어떠한 근거와 사례를 제시하는가에 따라서 작품의 질은 크게 달라진다. 따라서 신선하고 참신한 정보원의 발굴은 작품의 완성도를 판가름하는 중요한 요소가 된다.

인적 네트워크를 적극적으로 활용하면 자료를 조사할 때 많은 도움이 된다. 해당 회사를 다니는 사람과 접촉하여 회사의 전반적인 분위기를 직접 들어본다거나, 분야별 전문가에게 개별적으로 상담을 요청하고 찾아가 보는 것도 좋은 방법이다.

인터넷이나 문헌을 통해 접했던 정보와는 달리 현장의 살아 있는 정보들을 취할 수도 있고, 이론적으로 현재 어떤 논의가 진행되고 있는지도 알 수 있기 때문이다.

인적 네트워크를 활용하기 어렵다면, 가장 직접적인 자료수집 방식은 공모전 공고문에 나와 있는 담당자 연락처로 전화를 걸거나 이메일을 보내 개최기업에 직접 문의하는 것이다. 자신이 준비하고자 하는 방향에 대해 넌지시 이야기를 끼낸 다음, 담당사의 반응을 살피면 예기치 않은 힌트를 얻어낼 수 있다. 또한 담당자의 말을 주의 깊게 살핀다면, 주최사가 공모전을 통해 얻고자 하는 부분에 대한 실질적인 방향을 조금은 짐작할 수 있다.

물론, 담당자가 일절 상대해 주지 않는 곳도 있다. 이는 개최사의 정책상 그런 것이니 감정이 상할 필요는 없다. 그럴 경우에는 담당자에게 전화를 걸어보고 작은 정보라도 얻어낼 수 있도록 노력해야 한다.

▲ 공모전 사전 설명회

많은 경우는 아니지만 일부 공모전에서는 공모전 사전 설명회를 개최하여 공모전을 준비하는 데 필요한 주요 정보들을 제공하고 Q&A시간도 제공하므로 이런 설명회는 반드시 참여하도록 한다.

주최사가 발행하는 사보가 있다면 그것을 통해 정보를 얻는 것도 좋다. 보통 사보는 외부에 노출이 잘 되지 않기 때문에 인터넷에서 구한 정보보다 희소성 면에서 훨씬 더 가치가 있다. 그리고 사보에는 대개 그회사의 문화나 당면 이슈들, 해당 업종의 판도 등을 잘 설명하고 있어서활용하기에 유용한 정보들이 담겨 있다.

양질의 숨은 자료- 세미나·컨퍼런스·전시회

조금만 발로 뛰면 남들보다 쉽게 양질의 지식을 쓸어 담을 수 있다. 관련 주제나 아이디어에 대한 세미나나 컨퍼런스, 전시회, 전람회 등의행사정보를 미리 숙지하여 틈틈이 찾아다니는 성의가 있다면, 자연스레자료의 질을 전보다 훨씬 높일 수 있을 것이다. 객관적인 자료수집도 중요하지만 직관적인 정보습득도 매우 중요하다.

☑ 주요 컨벤션센터 웹사이트

컨벤션센터	웹사이트 주소
COEX	http://www.coex.co.kr
KINTEX	http://www.kintex.com/
AT CENTER	http://atcenter.at.or.kr
BEXCO	http://www.bexco.co.kr
SETEC	http://www.setec.or.kr
DCC	http://www.dcckorea.or.kr/
CECO	http://ceco.co.kr/
ICC JEJU	http://www.iccjeju.co.kr/

코엑스, 킨텍스, aT 센터 등에서는 중요한 행사들이 많이 열리므로 주기적으로 홈페이지를 방문하여 행사일정과 공지사항을 확인해보는 습관을 들여야 한다. 세미나, 컨퍼런스, 전시회 등을 찾아가 업계의 최신 동향이나 현장의 분위기를 직접 느껴보는 것도 일종의 감각적인 자료수집이라고 볼 수 있다.

정기적으로 개최되는 세미나를 대표적으로 산업기술진흥원www.kiat.re.kr에서 2009년 이후 매년 개최하는 'tech+(technology, economy, culture, human)'에서는 분야별 인사들이 다양한 주제로 무료강연을 제공하고 있다.

꼼꼼하게 자료 정리하기

자료수집에 왕도는 없다. 얼마나 열심히 손품, 입품, 발품을 파는가가 자료의 양과 질을 결정할 뿐이다. 다른 작업에 비하면 자료수집은 어느 정도 몸이 고생할 각오를 해야 한다.

일단 자료수집의 대상과 영역이 정해졌으면, 그다음 단계에서는 위에서 열거한 모든 방법을 활용하여 쌍끌이 저인망어선이 바다 밑바닥부터 샅샅이 훑어내듯이 닥치는 대로 관련 자료들을 끌어 모아야 한다.

이렇게 자료를 수집하다 보면 쏟아지는 엄청난 분량에 정리하는 데 어려움을 겪게 된다. 이럴 때 폴더의 계층구조로 자료를 관리한다면 즉각적인 자료 정리와 검색이 가능하다. 컴퓨터 폴더를 잘 활용하는 사람도 많겠지만, 좀 더 효율적으로 관리할 수 있도록 '3계층 5개 폴더' 정리법을 소개한다.

폴더의 계층이 너무 얕거나 넓어도, 혹은 지나치게 깊거나 좁아도 추후에 자료를 찾는 데 어려움이 있다. 때문에 주요 테마를 중심으로 깊이는 3계층으로 폭은 5개 이내로 하는 것이 가장 효율적이다.

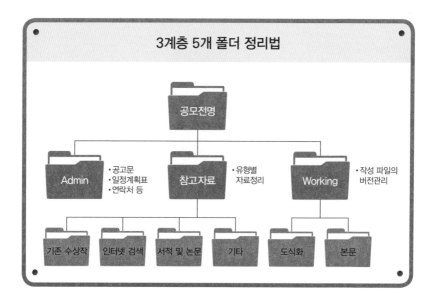

팀 작업이라면 영역분담을 정확히 해서 각자 맡은 영역의 자료들이 중복되지 않도록 꼼꼼하게 체크해야 한다. 그리고 수집한 자료를 기준에 따라 다음과 같이 엑셀로 정리표를 작성할 수 있다. 이러한 정리표는 필요한 자료를 빠르게 찾을 수 있고 전체적인 자료의 내용을 한눈에 파악할 수 있어 작업 효율성을 높여준다.

특히 팀 작업의 경우 각자 찾은 자료를 공유할 때 유용할 것이다. 시간이 지날수록 참고자료의 개수는 지속적으로 증가할 것이므로 자료 정리표를 반드시 작성토록 한다.

☑ 자료 정리표 작성법

	No.	Level 1	Level 2	제목	주요 내용	연도	출처	찾은 사람
	1							
	2							
자료개수		자료범주를 레벨별로 구분하여 기입		자료제목과 저장파일명을 동일하게 저장	자료의 주요 내용을 핵심적으로 정리	자료 작성일 기입	자료의 출처를 기입	자료 찾은 사람을 기입
	8							
	9							

☑ 실제 작성한 자료 정리표(예시)

제2회 슈퍼컴퓨터 활용 아이디어 경진대회

No.	Level 1	Level 2	제목	주요 내용	연도	출처	찾은 사람
1	슈퍼컴퓨터	정책	국가초고성능컴퓨팅 육성 기본계획 토론회	슈퍼컴퓨팅 육성방안, 문제점	2012	과학기술정책연구원	한용복
2		현황	세계 슈퍼컴퓨터 연구정책 현황	전세계 연구현황, 시사점	2011	한국전자통신연구원	임인종
3		기술동향	뇌-컴퓨터 인터페이스 기술 및 개발동향	BCI 개념, 국내의 기술동향	2011	한국전자통신연구원	한용복
4			BCI 기술동향	BCI 국내외 기술동향, 전망	2013	한국콘텐츠진흥원	임인종
5	BCI		뇌-컴퓨터 인터페이스 게임 동향	BCI 시장현황, 활용전망	2013	한국과학기술정보연구원	임인종
6		사례	UI의 미래, 뇌-컴퓨터 인터페이스	UI/UX, BCI 활용사례	2013	삼성경제연구소	임인종
7			BCI 기반의 새로운 게임플레이와 기능성 게임	BCI 시장규모, 게임기 활용	2010	아주대학교(석사논문)	임인종
8		정책	뇌-컴퓨터 인터페이스와 신경윤리학적	BCI 성책적 문제, 시사점	2009	한국정보과학회	한용복
9	치매	정책	국가치매관리 종합계획	치매환자 현황, 정부 정책 및 계획	2012	보건복지부	임인종
10			치매관리사업의 현황과 개선과제	치매환자 관리 실태, 개선안	2014	국회예산정책처	한용복
11		사례	빅데이터를 활용한 보건산업 신산업 전망	빅데이터, 보건산업 신산업	2013	한국보건산업진흥원	임인종

똑똑하게 자료 공유하기

자료수집과 정리가 끝나면 팀원끼리 자료를 효율적으로 공유할 필요가 있다. 기존에는 이메일이나 온라인 카페 등을 개설하여 자료를 공유했지만 최근에는 구글 드라이브google drive, 드롭박스dropbox, N드라이브 등 클라우드 서비스를 활용한다.

구글 드라이브는 15GB의 무료 저장용량이 기본으로 제공되고 지메일 사용자에게는 편리한 장점이 있다. 드롭박스는 계정당 2GB 제공으로 저장용량이 적은 편이나 다양한 기기와 연동이 편리하다. N드라이브는 네이버에서 제공하는 서비스로 기본적으로 30GB를 제공하고 네이버 캘린더, 메일, 주소록 등과 연동이 편리하다.

개인이든 팀이든 작업을 하다 보면 기획서가 수시로 바뀌는 것은 당연하다. 이런 상황에서 문서의 작성 이력을 파악할 수 있는 버전관리를

버전관리 Tip

「A 공모전」 1 아이디어 개요 (홍길동)_v.1.1
(공모전명, 장표시, 목차명, 작성자, 버전번호)

❶ 공모전명 기재   다수의 공모전을 진행하거나 추후 관련 공모전을 찾을 때 편리함

❷ 장 표시   작성자가 여러 명일 경우 '1.1' 등으로 상세화하여 표시
(로마자, 아라비아숫자 등)

❸ 목차명 기입   전체 기획서명을 기입하는 경우도 있으나 팀 작업일 경우에는 해당 부분을 기입

❹ 작성자 기입   해당 부분의 작성자를 명확하게 알 수 있도록 기입

❺ 버전 번호 기입   기획서의 내용 변경이 적은 경우에는 '1.1' 등으로 기입하고 많은 경우 앞의 숫자를 '2'처럼 높여서 기입

제대로 해놓지 않으면 나중에 낭패를 볼 수도 있다. 최근에는 자료를 저장하는 장소가 PC, 노트북, 태블릿 PC, 클라우드 등으로 다양해짐에 따라 파일의 버전을 관리하는 것이 더욱 중요하다.

기획서를 작성하다 보면 과거에 작업했던 내용이 필요한 경우가 있으니 오래된 파일을 지우기보다는 버전관리를 통해 보관하는 것이 좋다.

절대 족보, 수상작 벤치마킹

대학교 시절 시험기간만 되면 어김없이 '족보'를 찾게 되는 과목들이 있다. 주로 강의명과 내용이 크게 바뀌지 않는 전공과목들이 그러했다. 더구나 과거에 기출된 문제뿐만 아니라 모범답안까지 담겨 있는 족보야말로 공부하는 시간을 줄여주면서 A⁺의 확률을 높여주는 고마운 존재였다.

공모전도 마찬가지이다. 개최 횟수가 많은 공모전일수록 참고할 수 있는 족보 역시 많다. 기존 수상작을 잘 분석하기만 해도 선택받을 가능성은 높아질 것이다. 세상에 없던 새로운 아이디어를 만들어낸다면야 더할 나위 없겠지만, 우선은 다른 사람이 제시한 아이디어를 응용하고 결합해보는 것이 첫 단계이다.

그런데 족보를 구하기란 결코 쉽지 않다. 솔직히 수상자들은 어지간히 친하지 않으면 자신의 작품을 잘 보여주지 않기 때문이다. 인맥만으로 족보를 구하기 어렵다면 공개된 족보를 활용해야 할 것이다.

기존 수상작이 제공되지 않고 수상작의 제목만 발표되는 경우도 있다(대부분은 수상자만 공지). 아이디어 공모전의 경우 제목만 보더라도 대략적으로 내용을 예상해볼 수 있으므로 아이디어의 단초를 얻는 용도로는 충분하다. 기존 수상작 전문 혹은 제목이라도 찾아서 새로운 아이디어 발상의 발판으로 활용하여야 한다.

아래 표에 정리된 공모전별 수상작을 공개하는 사이트들은 해당 공모전은 물론 다른 공모전에 대한 감을 익히는 데 도움을 준다. 컴퓨터

☑ 공모전 수상작 모음 사이트

공모전명	웹사이트 주소
신재생에너지 36.5℃ 아이디어 · 포스터 공모전	http://365.energy.or.kr/365energy(수상작 갤러리)
LASA 디스플레이 아이디어 공모전	http://lasa.co.kr(갤러리)
중소기업체험리포트 논문 공모전	http://blog.naver.com/sbcblog (중소기업체험리포트/논문 공모전)
미래한국 IDEA 공모전	http://mirae.kdi.re.kr
Term-Paper 논문 공모전	http://www.fnnews.biz(공모전)
창조경제와 중소기업 바로 알리기 공모전	http://cafe.naver.com/happykbiz(회원만 접속 가능)
스마트 ICT 콘텐츠 공모전	http://www.ktgf.or.kr(사업안내)
슈퍼컴퓨터 활용 아이디어 공모전	http://www.nisn.re.kr(정보마당─지난 행사)
상상실현창의 공모전	http://www.thinkuniv.com/new/
미래코 내가 Green 아이디어 공모전	http://blog.naver.com/mireco12(공모전 소식)
지식재산 우수 논문 공모전	http://www.ipcontest.or.kr(공모전 History)
스마트TV 공모전	http://smarttv-sc.org(자료실)
삼성미래디스플레이 아이디어 공모전	http://contest.samsungdisplay.com(수상작 갤러리)
KOICA 국제개발협력 아이디어 공모전	http://koicacontest.co.kr(커뮤니티)
경기도시공사 수필 공모전	http://www.gicoessay.co.kr(지난 수상작 보기)
WOW서울 공모전	http://wow.seoul.go.kr(공모전 수상작)

즐겨찾기에 추가해놓고 항상 참조토록 한다.

홈페이지에서 별도로 수상작을 제공하지 않는다면 공지사항이나 인터넷 검색을 통해 지난해 수상작에 대한 공지 내용 및 심사평 등을 찾아보는 것도 방법이다. 또한 일부 공모전에서는 수상작들을 논집이나 수상집 등의 형태로 발간하기도 하므로 이러한 발간물이 있는지 주최 측에 물어보도록 한다.

기존 수상작들을 찾았다면 이제는 수상작을 다음과 같은 관점으로 분석하도록 한다.

첫째, 핵심 아이디어는 무엇인가? 수년간 축적된 수상작들을 모두 다 살펴본다는 것은 어려운 일이므로 최근 수상작을 중심으로 제목과 개요를 보고 핵심 아이디어를 파악하도록 한다.

둘째, 중복되지는 않는가? 아무리 좋은 아이디어를 갖고 있어도 과거에 유사한 아이디어가 수상을 했다면 수상할 가능성은 낮아진다. 기존 수상작 중 키워드, 핵심 콘셉트, 아이디어 등이 겹치는 것은 없는지 검토한다.

셋째, KSF^{Key Success Factor}는 무엇인가? 해당 수상작이 선택될 수밖에 없었던 이유와 성공요인을 살펴보고 배우도록 한다. 주제의 참신성, 트렌드와의 부합, 창의적인 방안 제시, 논리적인 기획서 등 다양한 관점에서 성공요인을 분석해보자. 심사평이 있는 경우에는 이러한 KSF가 명확히 드러난다.

넷째, KSF 중 활용할 것이 있는가? 벤치마킹에서 가장 중요한 것이 바로 벤치마킹 대상을 분석해서 얻은 시사점을 활용하는 것이다. 이처럼 수상작의 KSF를 분석했다면 그러한 성공요인들을 내가 작성할 공모전 기획서에도 적용할 방법을 고민해야 한다.

알고 보면 별것 아닌
창의력

당신이 공모전 심사위원이라면, 어떤 점에 가장 비중을 두겠는가? 공모전 심사기준을 보면 가장 높은 비중을 차지하는 것이 '창의성'이다. 공모전에서만큼은 창의적인 아이디어가 가장 중요하다.

사실 공모전뿐만 아니라 사회 전반적으로 창의성의 중요도는 높아지고 있다. 그런데 사람들은 자신이 창의성과는 별관계가 없다고 생각한다. 창의성을 보통 스티브 잡스나 아인슈타인과 같은 특별한 사람들이 갖는 천부적 특성이거나 남들과 다른 유별난 행동을 하는 사람들이나 가진 특성이라고 생각한다.

성균관대학교 아동학과 최인수 교수의 "창의성은 어떤 문제를 해결하려 할 때나 새로운 것을 만들어낼 때 인간만이 가지고 있는 신비하고 비밀스런 능력이다. 창의성은 누구든지 가지고 있는 기본 능력, 소양, 자질과 잠재력이다"라는 말처럼 창의성은 그렇게 특별한 것도 유별난 것도 아니라고 생각한다.

공모전을 준비하면서 가장 어려웠던 부분이 바로 창의적인 아이디어를 찾는 것이었다. 그래서 아이디어 산출 기법들(triz, scamper, 마인드맵핑 등)을 공부하고 수십 권의 참고서적들을 읽어봤지만 이렇다 할 방법을 찾지 못했다. 하지만 그렇게 창의적인 아이디어를 찾아가는 과정 속에서 지금의 방법론이 형성되지 않았나 싶다.

결국 창의적인 아이디어는 어느 날 갑자기 하늘에서 뚝 떨어지듯이 발현되는 것이 아니라 지속적인 자기성찰, 계발, 노력, 독서, 체험 등을 통해 나오는 것이다.

본 주제에서는 공모전에서 가장 중요한 창의적인 아이디어를 찾아내는 아홉 가지 방법들에 대해 자세히 설명하고자 한다.

나만의 경쟁력은 바로 경험이다

애플의 창업자 스티브 잡스는 2011년 〈와이어드〉 잡지와의 인터뷰에서 "창의성이란 자신의 경험들을 연결하여 남들이 보지 못하는 것들을 보고 그것들을 서로 연결하는 능력"이라고 말했다. 그는 경험을 통해 보다 넓게 이해하고 그 안에서 연결점을 찾는 창의적 발상을 중요하게 강조하였다. 경험은 생각만으로 만들어낸 아이디어와는 다르게 구체적이라는 것에서 큰 경쟁력을 갖는다.

창의적인 아이디어를 생각해보라고 하면 새로운 것을 찾아야 한다는 강박관념으로 '아웃사이드 더 박스 싱킹outside the box thinking'을 하는 것이 일반적이다. 하지만 이스라엘 IDC 제이콥 골든버그Jacob Goldenberg 교수는 문제가 위치한 '틀 안inside the box'에서만 생각하는 '인사이드 더 박스 싱킹inside the box thinking'을 강조한다. 경계를 뛰어넘는 다양한 아이디어를 찾기보다는 자신의 속한 경험세계 안에 생각을 집중하면 오히려 창조성이 높아질 수 있다는 것이 골든버그 교수의 주장이다.

이와 관련된 이론으로 미국의 생물학자 스튜어트 카우프만Stuart Kauffman은 인접확장론을 통해 하나의 생물이 경험 속에서 진화 발전하는 것처럼 개인도 경험을 통해서 세부적인 전문가로 특화 발전하게 된다고 말했다.

또한 과학저술 작가 스티븐 존슨Steven Johnson은 그의 저서 『탁월한 아이디어는 어디에서 오는가?』에서 인접확장론을 인용하며 역사적인 과학사의 아이디어는 경험을 통해 한 단계씩 발전되어가는 것이지 어느 날 하늘에서 뚝 떨어지는 이론은 없다고 했다.

'등잔 밑이 어둡다'는 속담처럼 자신의 경험을 돌이켜보면 기억 속에 저장된 참신한 경험을 발견할 수도 있다.

생각의 케겔운동

2014년 10월 27일 시청 앞, 세계 최초로 '멍때리기 대회'가 개최되었다. 무려 50여 명의 시민들이 참가하여 세 시간 동안 서울광장 잔디밭에 앉아 멍~한 시간을 보냈다.

어느 남녀 예술가가 주최한 이번 대회는 무조건 '빠르게'만 외치며 살아가는 현대인들에게 잠시나마 스트레스를 덜 수 있는 시간을 제공하는 것이 목적이었다. 큰 움직임 없이 가장 안정적

▲ 제1회 멍때리기 대회

인 심박이 체크된 시민에게 그 우승의 영광이 돌아갔고, 9세 여자 어린이가 우승자로 선발돼 화제가 되었다.

아이디어는 계속 고민하고 생각한다고 떠오르지 않는다. 생각의 중간중간 멍때리기daydreaming를 하면서 뇌에 휴식시간을 줄 필요가 있다.

항문 주위의 근육을 조였다 펴기를 반복하는 골반근육강화 운동인 케겔운동이 건강에 좋다는 건 누구나 알고 있다. 이처럼 아이디어 도출을 위해서도 집중과 이완을 번갈아하는 '생각의 케겔운동'이 중요하다.

실제로 머리를 비울 때 창의성이 발휘된다는 연구결과가 계속해서 나오고 있다.

아래의 사례를 통해 알 수 있듯이 몽상은 생산성 향상의 중요한 원천이고 이러한 몽상은 주로 휴식을 통해 이뤄진다. 아이디어에 집중하고 있다면 잠시 책을 덮고 '멍때리기'를 하고 다시 책을 들기 바란다.

Insight(통찰력)에 Foresight(예지력)을 더하라

어떨 때는 직관이 논리보다 믿을 만하다. 베스트셀러 작가이자 경영

사상가인 말콤 글래드웰$^{Malcolm Gladwell}$은 그의 저서『블링크: 첫 2초의 힘』에서 "나는 우리 자신과 우리 행동을 이해하려면 눈 깜짝하는 동안의 순간적인 판단도 수개월에 걸친 이성적 분석만큼 가치 있음을 인정해야 한다고 생각한다"라고 말했다.

존 네이스비츠$^{John Naisbitts}$와 패트리셔 애버딘$^{Patricia Aburdene}$도 공동저서『메가트렌드』에서 "수많은 정보가 넘쳐 나는 새로운 정보사회에서는 직관의 중요성이 날로 커지고 있다"라는 메시지를 전했다.

최근에는 이러한 통찰력^{insight}과 더불어 예지력^{foresight}까지 강조되고 있다. 영국의 대표적인 디자인하우스 탠저린의 이돈태 대표는 전자신문사와의 인터뷰에서 기업은 '예측'하지 못해 망하는 것이 아니라 '상상'하지 못해 망한다는 말을 하며, "인사이트와 함께 '포어사이트'가 어우러져야 한다"고 강조했다.

물론 인사이트와 포어사이트에만 의존해서는 안 된다. 합리적인 정보에 의존해서 이성적인 결정을 해야 하지만 관련 정보가 너무 부족하거나 반대로 너무나 많아 분석이 어렵다면 이 같은 두 가지 '신비로운' 감각적인 능력을 발휘할 필요가 있다.

그렇다면 이러한 능력은 선천적인 것일까? 학습이 가능한 후천적인 것일까? 물론 선척적인 요소가 많은 것은 사실이지만 지속적인 훈련을 통해 향상될 수 있다.

공모전 주제에 대해 직관적 아이디어를 떠올리는 다섯 가지 방법은 다음과 같다.

직관적 아이디어를 떠올리는 방법

❶ 빨리 질문하고 바로 답하기: 너무 많은 고민이 오히려 복잡하게 한다

❷ 내면의 비평가에게 자문 구하기: 자신의 아이디어를 냉철하게 판단한다

❸ (   )라면 어떻게 할까?: 자신이 아닌 다른 사람의 입장에서 생각한다

❹ 새로운 가능성을 살펴보기: 예상되는 다양한 결과와 가능성을 예측한다

❺ 경험과 기억 떠올리기: 해당 주제와 관련된 자신만의 경험과 기억을 찾는다

틈만 나면 "why?"

어떤 문제 상황에서 창의적인 해결책이 필요할 때는 문제가 발생하게 된 원인과 배경을 명확히 확인하는 것이 우선이다. 무엇이 문제인지를 알아야 해결책을 찾을 수 있기 때문이다. 이러한 원인과 배경을 알아낼 때 필요한 것이 바로 'why?'라는 질문이다.

틈만 나면 "왜?"라고 묻는 딸아이를 보면 어린아이들이 why?의 중요성을 가장 잘 알고 있는 듯하다. 질문을 통해 자신이 궁금한 것을 알아내고 한 번이 아니라 수차례에 걸친 질문으로 본인이 만족하는 답을 찾아내기 때문이다.

사과가 떨어지는 것을 본 사람은 많았지만 아이작 뉴턴은 "why?"라고 질문했기 때문에 중력의 법칙을 발견할 수 있었다. 아인슈타인도 "중요한 것은 질문을 멈춰서는 안 된다는 것이다"라는 말로 질문의 중요성을 강조했다.

성공한 기업인 중에서 'why?'의 중요성을 가장 많이 강조한 사람은 도요타그룹의 창업자 도요타 사키치豊田 佐吉 회장이다. 그의 지론은 5번의 "why?"가 있어야 문제를 제대로 해결할 수 있다고 했다. 실제로는 5번보다 많을 수도 적을 수도 있지만 평균적으로 5번의 why?를 통해 문제를 해결해나가는 이른바 '5 whys'를 경영방침으로 활용하였다.

공모전 아이디어를 찾는 첫 번째 단계는 바로 이러한 "왜?"를 분류하여 살펴보아야 한다.

하지만 단지 묻는 단계에서 머무를 것이 아니라 자신의 이해도를 바탕으로 한 통찰력이 담긴 개방형 질문open-ended question을 통해 좀 더 자세한 대답을 구하는 것이 필요하다. 다음의 개방형 질문을 통해 'why'를 묻는 방식을 이용함으로써 더 체계적이고 창의적인 해결책을 찾아낼

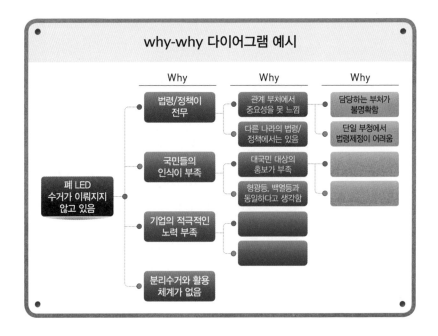

수 있다.

🔎 문제가 왜 발생했는가?

🔎 문제가 왜 중요한가?

🔎 문제를 왜 해결하고자 하는가?

🔎 문제를 발생시킨 주체는 누구인가?

🔎 문제에 대한 기존의 해결책은 무엇이 있는가?

🔎 그러한 해결책은 어떠한 기대효과를 원했던 것인가?

🔎 왜 문제가 개선되지 않고 있는가?

몰입의 기술

전도근의 『신화를 만든 정주영 리더십』을 보면 현대그룹 창업주 故 정주영 회장에 관해 다음과 같은 이야기가 나온다. "정 회장은 해결해야 할 중대한 사안을 놓고 며칠씩 고민하고 그것도 모자라 밤을 새는 경우가 많았다. 집중해서 생각하고 또 생각하다 보면 자신도 모르게 어느새 '아하!' 하는 순간을 경험할 때가 많았다." 해결사 정주영 회장을 만든 것이 바로 몰입이다.

> 66 몰입이란 삶이 고조되는 순간에 물 흐르듯 행동이 자연스럽게 이루어지는 느낌을 표현하는 말
>
> 칙센트 미하이, 『몰입의 즐거움』 99

공모전 아이디어를 찾기 위한 몰입 방법은 다음과 같다.

첫째, 자나 깨나 아이디어에 대해 생각하라. 샐러리맨의 천국이라고 불리는 미라이 공업의 슬로건은 '항상 생각한다'이다. 이러한 조직문화 속에서 1965년 창업한 후 59년 연속 흑자를 기록했을 뿐 아니라 평균 13.7퍼센트의 경상이익률을 유지할 수 있었다.

처음에는 낯설고 어려운 공모전 주제도 계속 생각하다 보면 익숙해지고 쉬워지고 결국에는 참신한 아이디어가 나오게 된다.

둘째, 몰입을 위해 별도의 시간을 가지려고 하지 마라. 송宋나라의 문장가 구양수歐陽修는 공부하기에 좋은 곳으로 '삼상三上' 즉, 침상枕上, 마상馬上, 측상厠上을 꼽았다고 한다. 침상은 베개를 괴고 누워 공부한다는 것이고, 마상은 말을 타고 길을 가면서도 짬을 낼 수 있다는 것이고, 측상이란 화장실에서 볼일 보는 시간도 쪼갤 수 있다는 것이다.

아이디어를 떠올리려고 책상에 앉아서 몰입할 필요는 없다. 대중교통으로 출퇴근하면서도 밥을 먹으면서도 누워서 잠들기 전에도 매순간 몰입을 할 수 있다.

셋째, 고민하지 말고 생각하라. 고민이 지속되면 스트레스를 받고 병까지 생길 수 있지만 생각을 지속하면 머리가 맑아진다. 그래서 어떤 문제를 대할 때 고민하고 걱정할 것이 아니라 문제를 해결할 방법만 생각해야 한다. 좋은 아이디어가 없다고 고민하지 말고 문제를 해결하기 위한 방법에만 몰두하면 문제를 해결할 수 있는 아이디어가 떠오를 것이다.

넷째, 목표지향적으로 생각하라. 무작정 생각만 하지 말고 '어떻게 해결해야 할까?'를 고민해야 한다. 목표가 없으면 무의식이나 환경자극에 대해 수동적 사고를 하게 되지만 목표가 명확하면 외부 환경을 새롭게 해석하고 계획적으로 대처하는 능동적 사고를 할 수 있기 때문이다.

마지막으로 '사고 주간think week'을 가져라. 일상생활 속에서 아이디어를 생각하는 것도 좋지만 한 가지를 집중적으로 생각하는 것도 필요하다.

여행 중 공모전 아이디어를 위해 찍은 사진

동경역 흡연 지정 구역

- 2010년 일본 출장 중 동경역 앞에서 촬영
- 당시 일본은 지정된 장소에서만 흡연을 할 수 있었음

아이디어 포인트

- 본 제도를 국내에 도입하자고 지자체 공모전에 제안
- 단순히 제도도입뿐만 아니라 인근 보건소의 금연캠페인 및 디스플레이 장치를 통한 금연 정보 제공을 하자는 부가적 의견 포함

상하이역 쿠폰 발행기

- 2010년 중국 출장 중 상하이역에서 촬영
- 휴대폰에 구매한 칩을 설치하면 지역별로 설치된 쿠폰 자판기에서 할인 쿠폰을 발급받아 사용

아이디어 포인트

- 당시 우리나라도 소셜커머스가 유행하였으나 주로 인터넷을 통해서만 비즈니스 수행
- 디지털 사이니지나 유선전화를 통한 쿠폰 비즈니스를 제안

빌게이츠는 1년에 두 번 별장에서 마이크로소프트가 나아가야 할 방향에 대해 집중적으로 생각하는 사고 주간을 가진다.

물론 공모전을 위해 휴가까지 내서 사고 주간을 가질 수는 없지만 휴가나 출장 중에 어느 정도의 일정한 시간을 중요한 공모전에 대해 집중적으로 생각할 필요가 있다.

일상적으로 생각하는 것은 약한 몰입을, 사고 주간에 생각하는 것은 강한 몰입을 이끈다.

타인의 것으로 시작해서 당신의 것으로 끝내라

'모방은 창조의 어머니'라는 진부한 표현이 있다. 위대한 작곡가 모차르트도 어린 시절부터 다른 사람의 음악을 연주하며 독창적인 음악을 창조하였고, 천재 화가 피카소도 젊은 시절 동료 화가의 구도 등을 참고해서 화가의 기본기를 쌓았다.

예술뿐만 아니라 월마트의 창시자 샘 월튼Sam M. Walton도 "내가 한 일의 태반은 다른 사람의 모방이었다"라고 말할 만큼 비즈니스에서도 모방은 경쟁력의 근원이 되기도 한다.

모방은 독자성이나 창조성과는 대조적인 개념이라 다소 부정적인 느낌을 가진다. 이는 모방을 단순히 그대로 따라하는 수준에서 멈추기 때문이다.

참신한 아이디어를 위해서는 모방을 넘어선 모방이 필요하다. 단순모방이 아닌 새로운 아이디어를 만들기 위한 모방의 방법은 다음의 세

단계로 살펴볼 수 있다.

첫째, 다양한 분야에서 모방의 대상을 찾아라. 최근 생물체의 구조, 기능, 형태, 메커니즘을 모방하여 공학적으로 응용하는 자연모사기술 biomimetics이 주목받고 있다. 게코gecko도마뱀의 발바닥을 응용한 접착제, 연잎 표면을 응용한 방수처리 기술, 나방의 눈 구조를 응용한 반사방지 필름 등 수많은 사례들이 있다.

첨단을 지향하는 공학이 자연에서 답을 찾고자 하는 것처럼 모방할 대상을 특정한 분야에 한정 짓지 말고 다양한 분야로 확대하여 살펴보아야 한다.

둘째, 모방의 대상을 철저히 분석하라. 화장품 업체 시세이도 창업주 후쿠하라 아리노부福原 有信는 "보여주기 위한 모방은 안 된다. 하려면 철저하게 근본부터 파고들어야 한다"며 모방하는 대상에 대한 심층적인 분석의 중요성을 강조했다.

그렇다면 모방하려는 대상의 무엇을 분석해야 하는가? 바로 비즈니스 모델이다. 쉽게 생각하면 비즈니스 모델이란 기업이 어떻게 돈을 벌 것인가를 보여주는 것이라고 할 수 있다. 알렉산더 오스터왈더Alex Osterwalder와 예스 피그누어Yves Pigneur의 저서 『비즈니스 모델의 탄생』에서는 '비즈니스 모델은 하나의 조직이 어떻게 가치를 포착하고 창소하여 고객에게 전달하는지 그 방법을 논리적으로 설명한 것'이라고 정의하였다.

비즈니스 모델을 분석할 때는 수익을 올리는 방법이나 서비스 과금 구조 등 돈과 서비스의 흐름에 한정 짓는 것이 아니라 가치사슬, 비용

구조, 자원 및 역량, 포지셔닝 등 해당 사업의 시스템적 차원에서 분석을 해야 한다.

셋째, 나만의 맞춤화customization를 수행하라. 일본 편의점의 대명사 세븐일레븐 재팬의 창업주 스즈키 도시후미鈴木 敏文는 미국 세븐일레븐 점포에서는 햄버거나 샌드위치를 판매하였으나 일본에는 이러한 패스트푸드가 익숙하지 않아 도입을 망설였다. 일부 임원들은 똑같이 따라서하자는 의견도 있었으나 스즈키 사장은 햄버거나 샌드위치 대신 만두, 초밥, 삼각김밥 등 일본의 식생활에 맞춘 간편식품을 판매했고 엄청난 성공을 거두었다.

> 66 철저하게 그 사람을 따라 하고 연구하고 모방해야 한다. 그 과정에서 개인의 능력은 상당 부분 향상될 것이다. 그리고 그 향상된 능력에 의해 개인의 독창성이라는 존재가 만들어진다고 생각한다.
>
> 도토루커피, 도리바 히로미치, 『팔지 말고 팔리게 하라』 99

이처럼 모방 대상에 대한 철저한 분석을 수행하면서 쌓인 역량을 나만의 맞춤형 아이디어로 발전시키는 것이 필요하다.

아이디어 모방에서 창조의 프로세스 예시

공동 소유 판매로 성공한 Netjet

- 자가용 비행기 판매사 NetJet의 주 고객은 부자와 기업으로 고객층 확대 곤란
- 여러 사람이 공동으로 제트기를 소유하는 방식으로 전환
- 개인 소유일 때는 4천만 달러지만 공동 소유 시 2~16명이 함께 공유(ex. 4명 구입 시 1천만 달러씩 부담하고 1,000시간의 비행시간 제공)
- 1986년 공동소유 판매 3대 ▶ 2003년 5,827대

아이디어 포인트

- Netjet의 성공요인은 공동소유 방식으로 판매 방식을 전환한 것임
- 비행기가 아니라 자동차, 오토바이, 자전거 등 다른 교통수단에 확대 적용하면 어떨까?
- 아파트에 공동으로 사용하는 자동차를 운영하거나 캠퍼스에 공동으로 사용하는 소형 오토바이나 자전거를 운영하는 것은 어떨까?

아이디어를 기록하고 정리하라

메모하는 습관은 성공하는 사람들에게서 찾아볼 수 있는 공통적인 특징이다. 예술가 레오나르도 다 빈치, 발명가 에디슨, 삼성의 창업주 이병철 모두 메모광이었다. "메모광이 반드시 성공하는 것은 아니다. 그러나 성공한 사람들 중에 메모광이 아닌 사람은 없다"라는 말이 있듯이, 메모와 성공의 함수관계는 이미 오래전에 입증되었다.

몇 년 전에는 『메모의 기술』이라는 책이 베스트셀러에 오르면서 메모하는 습관의 중요성이 다시금 세인들의 입에 오르내리던 적도 있다. 고가의 다이어리인 '프랭클린 플래너'가 성공하는 사람들의 필수품인양 광고를 하면서 높은 매출을 올리는 것도 모두 메모와 성공의 함수관계 때문이다.

아이디어가 떠오르면 바로바로 메모를 한다. 한순간 아이디어가 떠올랐다 해도 조금 지나면 잊어버리는 경우가 종종 있기 때문에 멀리 떠나기 전에 붙잡아야 한다.

▲ 공고문에 작성한 아이디어 메모

필자는 공모전 공고문을 프린트해서 갖고 다니다가 아이디어가 떠오르면 공고문 한쪽에 메모를 하는 방식을 즐겨 사용한다. 이렇게 하면 공모전 주제도 한 번 더 보게 되고 기존에 작성했던 메모도 쉽게 알 수 있기 때문이다.

메모의 기술

❶ 언제 어디서든 메모하라 　메모는 목욕탕에서도 가능하다. 눈에 잘 띄는 곳에 메모하라.

❷ 주위 사람들을 관찰하라 　업무 능력이 뛰어난 사람을 따라한다.
　　　　　　　　　　　　　지루한 회의에는 다른 사람들을 관찰하라.

❸ 기호와 암호를 활용하라 　메모에 글자만 쓰란 법은 없다.

❹ 중요 사항은 한눈에 　　　메모하면서 중요 사항을 점검한다.
　 띄게 하라 　　　　　　　중요한 부분이 한눈에 들어오도록 메모한다.

❺ 메모하는 시간을 　　　　일부러 혼자 커피숍을 찾는다. 혼자 여행하는 시간을 갖는다.
　 따로 마련하라 　　　　　하루에 한 번이라도 수첩을 펼쳐본다.

❻ 메모를 데이터베이스로 　 메모는 가능하면 보관한다.
　 구축하라

❼ 메모를 재활용하라 　　　메모한 후가 더 중요하다. 한눈에 알아볼 수 있도록 정리한다.

출처 : 사카토 켄지, 「메모의 기술」

트렌드 워처가 되어라

아이디어를 찾을 때 가장 쉬운 방법 중 하나가 바로 기존의 자료들 중 트렌드를 살펴보는 것이다. 미국의 트렌드 전문가 페이스 팝콘^{Faith Popcorn}은 그의 저서 『클릭! 미래 속으로』에서 트렌드와 일시적인 유행의 차이를 다음과 같이 설명했다.

"일시적 유행이란 시작은 화려하지만 곧 스러져버리는 것으로서, 순식간에 돈을 벌고 도망가기 위한 민첩한 속임수와 같은 것이다. 유행이란 제품 자체에 적용되는 말이다. 트렌드는 소비자들이 물건을 '사도록' 이끄는 원동력에 관한 것이다. 따라서 트렌드란 크고 광범위하다. 트렌드는 바위처럼 꿋꿋하다. 그리고 평균 10년 이상 지속된다."

즉 트렌드란 단기적인 변동을 초월해서 지속되는 장기적인 경향 또는 추세변동이라고 할 수 있다.

각 분야별로 트렌드가 중요해지면서 최신 유행과 소비자의 경향을 신속하게 포착하고 분석하여 기업들에게 그 정보를 제공하는 일을 전문적으로 하는 트렌드 워처^{trend watcher}라는 직업도 생겼다.

공모전에서도 이러한 트렌드를 재빠르게 포착하여 아이디어로 만드는 것이 중요하다. 트렌드를 아이디어화하기 위해 독서, 잡지, 인터넷을 활용하는 방법을 소개하면 다음과 같다.

첫째, 가장 일반적이고도 쉬운 방법은 트렌드 관련 도서를 읽는 것이다. 뉴턴은 선대 과학자들의 업적을 토대로 자신에게 놓인 문제를 해결함으로서 본인도 역사 속에서 또 다른 거인의 어깨가 되었다.

우리가 어떤 문제를 해결하기 위해 직접 경험하고 조사하기에는 시간과 자원이 한정적이기 때문에 축적된 자료를 효율적으로 활용하는 것이 필요한데 그 첫걸음이 바로 독서다.

연말이 되면 『미래전망』, 『메가트렌드』 등 다음 해의 트렌드를 전망하는 서적들이 쏟아져 나온다. 이러한 도서들을 잘 살펴보면 시대의 굵직한 트렌드를 살펴볼 수 있다.

둘째, 분야별 잡지를 읽는 것이다. 경제·경영 분야에는 〈한경비즈니스〉, 〈매경이코노미〉, 〈이코노믹리뷰〉, 〈머니위크〉, 〈동아비즈니스리뷰〉 등이 있고 최근에는 〈하버드 비즈니스 리뷰〉의 한국어판도 발간되고 있다.

필자는 일주일에 한 번씩 집 근처의 시립도서관에 들른다. 다양한 잡지들의 헤드라인을 보고 관심 있는 기사들을 선별하여 읽고 스크랩하며 트렌드를 파악한다.

셋째, 인터넷에서 제공되는 콘텐츠를 활용해서 실시간적으로 트렌드를 파악할 수 있다.

❶ SNS 분석 사이트: 트위터, 블로그, 페이스북 등 SNS의 키워드를 분석하여 가장 이슈화되고 있는 단어를 제시한다. 또한 연관검색어도 제공하여 연관된 트렌드 도출에도 도움이 된다.

구분	웹사이트 주소	특징
소셜다임	www.socialdigm.com	SNS 채널을 갖고 있는 브랜드 계정을 통해 분석
소셜 메트릭스	insight.some.co.kr	트위터, 블로그 기반으로 관련 키워드에 대한 인사이트
빅풋9	bigfoot9.com	페이스북 브랜드 계정 인사이트
트윗트렌드	www.tweetrend.com	트위터 언급에 대한 분석

❷ 네이버 트렌드 리포터: 네이버에서 제공하는 검색 통계서비스로 기간별 검색 추이 및 키워드 관련 뉴스, 그래프 등을 제공한다. 많은 사람들이 관심 있게 본 내용을 재구성하거나 세계 각지에서 주목받고 있는 트렌드를 정리하여 제공하기도 한다.

❸ 구글 트렌드 : 전 세계적으로 사람들이 관심을 갖고 검색하는 주요 단어들에 대한 트렌드들을 제공한다. 도시, 라이프스타일, 비즈니스 및 정치, 쇼핑 및 패션, 스포츠, 여행 및 레저 등 다양한 분야별 동향을 쉽게 알 수 있다.

> ❝ 창의성이란 천재와 같은 특별한 소수에 적용되는 것이 아니다. 그러나 창의적인 사람은 그렇지 못한 사람과 비교해볼 때, 전문지식을 많이 가지고 있고 또한 하는 일에 열정적으로 헌신하는 것이 특징이다.
> 와이스버그, 1995 ❞

브레인스토밍^{Brainstorming} 하기

창의성과 아이디어라는 단어에 꼭 붙어 다니는 말이 브레인스토밍이다. 우리에게 워낙 익숙한 개념이지만 다시 한 번 그 중요성을 인식하는 차원에서 세부적인 내용을 살펴보도록 하자.

브레인스토밍은 1941년 알렉스 오스본^{Alex Osborn}이라는 광고회사 부사장이 광고 아이디어의 양과 질을 향상시키기 위해 창안한 기법이다. 말 그대로 참여자들의 두뇌 속에 문제를 해결하기 위한 아이디어를 폭풍처럼 불러일으킨다는 의미로, 구성원들이 동일한 주제를 두고 자유분방하게 아이디어를 내고 토론하는 것이다.

영국의 비평가이자 역사가인 토마스 칼라일^{Thomas Carlyle}이 "한 사람의 마음에 번뜩인 생각의 불꽃은 다른 사람의 마음에 비슷한 것을 일으킨다"라고 말한 것처럼 브레인스토밍은 구성원끼리 다양하게 의견을 교환하며 공감할 수 있는 아이디어를 찾아내는 것이다.

아이디오^{IDEO}는 〈비즈니스 위크〉의 디자인 회사 순위에서 10년 연속으로 1위를 차지할 만큼 세계 최고의 디자인 기업이다. IDEO는 초기 애플 컴퓨터의 마우스, 로지텍^{Logitech}의 트랙볼^{trackball}, 오랄 비^{Oral-B}의 어린이 전용 칫솔 등 IT제품에서부터 생활용품과 의료기기에 이르기까지 다양한 분야의 혁신적인 제품을 개발했다.

최고 경영자인 톰 캘리^{Tom Kelly}가 "IDEO에서 브레인스토밍은 종교나 다름없다. 거의 날마다 실천하다시피 한다"라고 말한 것처럼 브레인스토밍이 이 회사의 성공요인이기도 하다.

브레인스토밍 핵심 규칙

❶ 목적과 문제 정의하기
브레인스토밍을 하는 이유와 얻고자 하는 산출물이 무엇인지를 명확히 해야 한다.

❷ 규칙 엄수하기
아이디어를 판단하는 일은 하지 않기. 새로운 아이디어를 막는 일은 없어야 한다.

❸ 목표치 정하기
수집 가능한 아이디어 개수가 목표치의 척도.
열 가지를 얻기로 했다면 아주 좋은 아이디어 한두 가지가 나오더라도 목표치 달성 시까지 계속 진행하라.

❹ 어떤 아이디어든 말하기
어리석은 아이디어는 없다. 허무맹랑해도 좋다. 이것이 브레인스토밍의 철칙이다.
별난 아이디어라도 긍정적인 면을 생각하라.

❺ 서두르지 말기
강물이 흐르듯 아이디어가 흘러나오게 하면 된다.

❻ 아이디어를 섣불리 판단하지 않기
브레인스토밍은 아이디어를 평가하는 자리가 아닌, 새로운 아이디어를 만드는 자리이다.

❼ 흥분과 열정에 찬 분위기 조성하기
사람은 기분이 좋을 때 왕성한 창의력을 발휘한다.

❽ 다른 사람의 아이디어 개량하기
때로는 기존 아이디어를 개선하거나 고치기만 해도 훌륭하다.

❾ 아이디어 많이 만들기
수십 가지의 아이디어 중 99퍼센트 아이디어가 쓸모 없다하더 라도 그 아이디어를 생각하는 동안 두뇌는 다양한 시각으로 바라보는 연습을 거듭하게 된다.

❿ 두려워하지 않기
스스로 기여하고 있다고 믿고, 다른 사람이 어떻게 생각할지 걱정하지 않으면 훌륭한 아이디어가 나올 확률이 높다.

⓫ 사물을 다른 시각으로 바라보기
사물을 보는 시각을 다양화하기 위해 오감뿐만 아니라 사용가능한 모든 도구를 활용하라.

⓬ 일이 잘 풀리지 않을 때 자극제 활용하기
브레인스토밍이 잘 안 될 때에는 운동이나 다른 자극을 활용하여 브레인스토밍 과정을 다시 시작하라.

출처 : 제이슨 리치, 『브레인스토밍 100배 잘하기』

특히 공모전을 팀으로 준비한다면 이러한 브레인스토밍은 필수적인 절차이다. 브레인스토밍을 하는 데 있어 지켜야 할 핵심적인 규칙을 준수하고 진행하기 바란다.

아이디어 냉정하게 평가하기

자신이 생각한 아이디어에 "이게 최선입니까?"라고 물어보아야 한다. 그리고 자신이 생각한 아이디어보다 더 좋은 아이디어가 나오도록 부족한 부분을 보완하기 위해서는 다른 사람의 생각을 들어보아야 한다.

본인은 정말 획기적이고 참신한 아이디어라고 생각해도 다른 사람이 들으면 황당하고 고루한 아이디어라고 생각할 수도 있기 때문이다. 우선 주변사람에게 평가를 받아보자. 길게 설명할 필요도 없다. 아이디어 개요를 설명하고 그에 대한 피드백을 받는 몇 분만 있으면 충분하다.

필자의 경우에는 우선 와이프에게 간략하게 설명을 하고 피드백을 들은 후, 회사동료들과의 점심시간을 이용해서 아이디어 설명을 하고는 반응을 살펴본다. 때로 친구들과 술자리가 있는 경우라면 적절하게 이야기 소재로 삼아 아이디어를 던지고(?) 다양한 의견을 듣기도 한다.

전문적인 주제의 경우에는 해당 분야 전문가에게 피드백을 받을 필요도 있다. 일례로 《치매환자를 위한 BCI^{Brain Computer Interface} 연계 빅데이터 콘텐츠 생성기술》에 관해서는 요양병원을 운영하는 병원장과 BCI을 연구하는 동료 연구원의 의견을 참조하였다.

당신의 아이디어를 객관적인 관점으로 검토하고 개선하는 데 도움이 되는 의견을 주는 주변 사람들을 적극적으로 활용하도록 하라.

아이디어를 도출하는 것도 어려운 일이지만 그에 못지않게 수많은 아이디어 중 최선을 평가하여 선택하는 것도 어려운 일이다. 아이디어는 아이디어 자체로 끝나는 것이 아니라 실세계에서 작동하여야 의미 있는 것이기 때문에 가장 현실적으로 유용하게 사용될 수 있는 것을 선별해야 한다.

아래의 일곱 가지 기준으로 도출된 아이디어들을 평가하여 최선을 선택해야 한다.

🔍 단순성: 핵심 내용이 단순하여 이해하기가 쉬운가?

🔍 독창성: 기존의 것들과 차별화된 독창적인 요소가 있는가?

🔍 경제성: 투입대비 산출 측면으로 살펴본다면 경제적인가?

🔍 용이성: 누구나 쉽게 실행할 수 있는가?

🔍 파급력: 사회적·경제적으로 얼마나 큰 영향을 미칠 것인가?

🔍 실현성: 단기간(1~2년)내에 실현할 수 있는가?

🔍 지속성: 아이디어의 효과가 얼마나 지속될 것인가?

Stage
07

눈 감고도 쓸 수 있는
아이디어 기획서

회사생활을 하면서 가장 골치 아픈 일, '기획'. 기획부서가 아니더라도 기획과 관련된 업무를 누구나 해봤을 만큼 기획은 직장생활의 필수적인 역량이다.

하지만 직장인들이 가장 어려워하는 것도 기획이다. 최근 취업 포털 잡코리아에서 1,300여 명의 직장인을 대상으로 가장 어려운 업무가 무엇인지 묻는 조사를 실시한 결과, 66.5퍼센트가 '제안서, 기획서 작성 업무'라고 답했다.

> 66 기획력은 모든 업무에 필요하다. 기획력을 높이기 위해서는 사회 전체의 동향을 올바르게 파악해야 할 뿐만 아니라 자신이 맡은 업무의 세부적인 부분에 대해 전문지식을 갖추고 있어야 한다. 그 외에 사업의 수지를 잘 파악하여 수지감각을 익혀야 하며, 소비자 입장에서 시장을 파악할 줄 알아야 한다. 또한 무슨 아이템이든지 신상품 혹은 새로운 서비스와 연결해보는 연습을 꾸준히 해야 한다.
>
> 니사야마 아키히코,『30대 다시 공부에 미쳐라』 99

이처럼 기획은 모든 업무뿐 아니라 공모전에도 필수불가결한 요소이다. 아무리 좋은 아이디어를 찾아도 그것을 기획서로 표현하지 못한다면 한낱 공상에 머물고 말기 때문이다.

> 66 당신의 아이디어가 얼마나 훌륭한 것인가는 중요하지 않다. 실행에 옮길 수 없는 것은 아무 짝에도 쓸모가 없기 때문이다.
>
> 세스고딘,『보랏빛 소가 온다』 99

본 장에서는 아이디어를 실행에 옮기기 위한 밑그림인 기획서를 작성하기 위한 기본기를 익힐 수 있도록 핵심적인 내용들을 중심으로 정리하였다.

1. 제목에 관하여: 5초의 승부

사람이 만났을 때 아주 짧은 5초 동안 서로를 평가한다는 '첫인상 5

초의 법칙'이 있다. 상대에게 나의 이미지를 각인시키는 데 5초밖에 걸리지 않는다는 것이다.

최근 유튜브에서는 트루뷰 광고$^{trueview ad}$를 도입하여 광고 시작 후 5초가 지나면 '광고 건너뛰기^{skip}' 버튼이 나타나 해당 광고에 흥미가 없는 사람은 광고를 보지 않고 바로 영상으로 넘어가도록 했다. 5초라는 짧은 시간 안에 강렬한 첫인상으로 소비자의 눈을 사로잡지 못하면 버려지는 것이다.

제목은 기획서의 첫인상에 해당한다. 때문에 첫인상이 인간관계에서 중요하듯 기획서는 제목이 매우 중요하다. 심사위원들은 가장 먼저 제목을 보고 그 후에 개요를 보고 마지막에 내용을 읽는다. 사람들이 서점에서 책을 고를 때 제목을 가장 먼저 보고 제목이 맘에 들면 목차를 보고 그런 후에 내용을 읽는 것과 마찬가지이다.

그런데 사람들은 제목 짓는 일을 어려워한다. 강렬한 인상을 남기면서 쉽고 짧아야 하며 사람의 마음을 단번에 사로잡아야 하기 때문이다. 필자 역시 수백 번 기획서의 제목을 지어봤지만 매번 심혈을 기울이는 부분이 바로 이 제목 달기다. 지금부터 심사위원의 이목을 집중시킬 수 있는 제목 짓는 비결을 소개하도록 하겠다.

❶ 기획서 제목의 4요소

(1) 방향성

'내가 왜, 무엇을 위해 어떠한 기획서를 작성하려고 하는가?'에 대한 방향과 목적이 제목에 담겨야 한다. 제목을 봤을 때, 무엇을 하고자 하는지를 상대방(심사위원)이 바로 인식하지 못한다면 기획서는 실패한 것이다. 사진을 찍을 때 프레임을 중심으로 사진을 찍어야 선명하게 찍히듯이 제목에서도 기획의 주목적이 부각되어야 한다.

주로 '~을 위한', '~을 목적으로', '~을 하기 위해', '~을 통한' 등의 표현을 활용하여 방향성을 제시한다.

예시)
《환경보호와 자원확보를 위한 폐LED 회수 및 재활용 정책》
(법제처, 「국민 행복 법령 만들기 아이디어 공모전」, 2013)

《노인들을 위한 기능성 온라인 게임》
(한국전자정보통신산업진흥회, 「한국형 복지IT융합 아이디어 및 체험수기 공모전」, 2012)

《'지하철문고'와 '독서마당' 개선운영을 통한 독서문화 활성화 방안》
(한국간행물윤리위원회, 「책읽기 아이디어 공모전」, 2007)

(2) 구체성

기획서의 제목은 구체적이어야 한다. 그렇지 않으면 기획서의 내용을 심사위원이 한 장 한 장 보면서 파악해야 한다. 하지만 제목이 구체적이라면 어떤 내용이 있는지 예측할 수 있다.

추상적인 개념은 핵심을 이해하고 기억하기 어렵게 만들고 전혀 다른 방향으로 해석될 수도 있다.

제목에서 구체성을 높이기 위해서는 실질적 행위와 감각적 정보의 언어로 설명하는 것이 필요하다. 우리의 두뇌는 구체적인 정보를 쉽게 기억하기 때문이다.

키워드가 명확하게 드러나게 작성하고 부제를 통해 좀 더 상세한 설명을 하도록 한다.

예시)
《소외된 이들을 위한 맞춤형 착한 가구' 적정가구appropriate furniture를 통한 에몬스가구 지속 성장 전략》
(에몬스가구, 「에몬스 아이디어 공모전」, 2012)

《치매환자를 위한 BCIBrain Computer Interface연계 빅데이터 콘텐츠 생성 기술》
(KISTI, 「슈퍼컴퓨터활용 아이디어 공모전」, 2014)

(3) 단순성

제목의 단순성은 중요한 요소이다. 인간이 한 번에 이해하고 기억할 수 있는 정보의 양에는 한계가 있기 때문이다. 기획서의 제목은 단순성을 통해 '핵심'과 '간결함'을 동시에 갖추고 있어야 한다.

단순성이 흔히 간단하게 요약을 하는 것이라고 생각할 수 있으나 여기서 단순이란 메시지의 '핵심'을 찾으라는 것이다. 핵심을 찾는다는 것은 메시지의 중심에 포함되어 있는 본질을 발견하라는 의미이다. 그 과정 속에서 불필요하거나 중요하지 않은 요소들을 모두 제거하는 '간결성'을 추구하는 작업이 동시에 이루어져야 한다.

제목은 한 가지 핵심만이 간결하게 표현되어야 한다.

예시)
《눈/비 오는 날 승하차 손님을 위한 자동 상단막》
(전국 버스 공제회, 「버스 안전 아이디어 공모전」, 2012)

《반려동물과 함께 떠나는 경북여행》
(경상북도, 「경북 관광 아이디어 공모전」, 2013)

(4) 의외성

자신만의 용어나 관심이 가는 키워드로 심사위원을 낚아야(?) 한다. 그러기 위해서는 우선 상대방의 예상을 깨뜨리는 것이다. 누구나 예상할 수 있는 결과가 아닌 반전을 담아서 긴장감을 높이고 이목을 집중시키는 것이다. 이러한 놀라움을 지속시키기 위해서는 흥미와 호기심을 자극해야 한다.

예시)
《키친가든kitchen garden을 통한 음식 폐기물 줄이기》
(환경부, 「음식물류 폐기물 줄이기 공모전」, 2008)

《'에너지 오디션'을 통한 전력난 해소 방안》
(한국여성과학기술단체총연합회, 「여름 전력난 이겨내기 아이디어 공모전」, 2013)

《고양꽃박람회 게릴라 친절팀 운영 방안》
(고양시, 「고양국제꽃박람회 아이디어 공모전」, 2008)

의외성을 높이는 네이밍 기법

광고에서는 네이밍 기법을 활용하여 소비자들의 뇌리에 각인될 수 있는 독특하고 차별화된 제품명을 만든다. 이러한 네이밍 기법을 활용하여 제목의 의외성을 높일 수 있다.

❶ 더하기 기법
제품의 속성이나 특징을 나타내는 키워드를 찾아 더하는 기법
ex) Anycall = Any + call, Skinfood = Skin + Food

❷ 의인화 기법
제품을 의인화하여 표현하는 기법
ex) 워크맨, 미스터 피자

❸ 유머 기법
재치 있는 표현으로 네임을 만드는 기법
ex) 위풍닭닭, 돈 내고 돈 먹기

❹ 중의 기법
하나의 이름에 다양한 뜻을 부여하여 언어의 복합적인 의미를 이용해 흥미 유발
ex) 러브米 : 쌀사랑, Love me

❺ 상징 기법
제품의 속성에 맞는 상징적인 물건이나 개념으로 네이밍을 표현하여 이미지를 효과적으로 부각
ex) 화이트, 오스프리, HERA

❻ 의성어·의태어 기법
의성어나 의태어의 음감을 이용한 기법
ex) 야후, 앙떼떼, 뿌요뿌요, 무냐무냐

❼ 연음 기법
우리말을 소리 나는 대로 표기하는 기법
ex) 포그니놀이방, 아나파약국, 누네띠네

❽ 결합 기법
키워드를 숫자나 기호와 결합하여 의미를 부여하는 기법
ex) 콘택600, 갤럭시S, 예스24

❾ 축약기법
단어나 문장을 축약해 만드는 기법
ex) 오빠닭 = 오븐에 빠진 닭, 아딸 = 아빠와 딸이 만든 떡볶이

❿ 고유어 기법
순수 우리말을 이용해 만드는 기법
ex) 푸르지오, 해찬들, 풀무원

⓫ 호기심 기법
상징적인 철자나 숫자의 배열로 호기심을 극대화하는 기법
ex) TTL, 1492 MILES

⓬ 반전 기법
제품이 지닌 특징을 반대의 개념으로 표현함으로써 화제성과 차별을 동시에 끌어내는 기법
ex) 엉터리 생고기, 놀부보쌈

출처 : 소영미, 『카피라이터처럼 소통하라』, 아이엠북(2012)

❷ 더 나은 제목 만들기

(1) 신문 헤드라인 보기

지금 당장 주변에 있는 신문을 펼쳐보자. 무엇이 보이는가? 지면을 가득 채운 글씨들 위에 한 줄로 요약된 기사 제목이 보일 것이다.

제목을 잘 뽑는 사람들 중 하나가 바로 신문사의 편집기자들이다. 간단 명료하면서도 기사의 전체 내용을 담고 있어야 하는 것이 신문기사의 제목이기 때문이다.

신문을 구독하고 있다면 기사 본문을 함축적이고 핵심적으로 전달하는 제목을 보면서 감을 익히도록 하자.

▲ 인터넷으로 헤드라인 뉴스 보기

(2) 수상작이 주는 힌트

공모전 수상작을 발표한 내용을 보면 앞서 소개한 수상작 모음 사이트처럼 전체 내용은 아니더라도 대부분 수상작의 제목은 공지하는 경우가 많다.

수상작의 제목만 봐도 대략적인 아이디어 내용을 유추해볼 수 있기 때문에 다른 참가자들은 어떤 제목을 작성했는지 참고하도록 한다.

(3) 서브타이틀 달기

제목에 담고 싶은 내용을 다 담지 못했다면 서브타이틀을 작성한다. 서브타이틀은 반드시 붙이지 않아도 되지만 붙이는 편이 좀 더 심사위원의 관심을 끌 수 있다.

주로 서브타이틀에는 주제를 좀 더 상세하게 설명하거나 보완해주는 내용이 담긴다.

2. 목차에 대하여: 기획의 뼈대를 세워라

우선 목차로 뼈대를 세워야 한다. 보통 공모전 주최 측에서 주요 목차를 제시하지만 자유양식으로 작성하라고 하거나 목차를 제시했다고 하더라도 주요 내용을 임의적으로 구성하라고 하는 경우도 많다. 때문에 기획서 목차에 대한 기본적인 구조를 머릿속에 그리고 있어야 한다.

기획서의 기본 구조는 숱하게 들어온 '서론-본론-결론'으로 구성된다. 이러한 기본 구조를 갖춘 후, 점차 내용을 채워가면서 기획서가 체계화되고 구체화되고 짜임새 있게 만들어지게 된다.

서론은 기획서의 머리 부분으로 서론에서는 기획서를 작성하게 된 배경과 필요성, 아이디어 개요 등을 담는다. 제대로 작성된 기획서라면 서론만 보고도 뭘 하자는 것인지 쉽게 파악되고 향후 내용을 예측할 수 있다.

본론은 기획서의 몸통 부분으로 주제의 현황 및 문제점, 창의적인 해결방안 등을 논리적으로 작성한다. 본론은 최대한 객관적인 데이터를 활용하여 현 실태를 명확하게 전달해야 하며, 특히 해결방안인 'how'에 대해 실천 가능한 구체적인 전략을 제시해야 한다.

결론은 기획서의 꼬리 부분으로 기획을 실행하였을 때 얻을 수 있는 효과와 이익을 다양한 측면에서 예상하여 아이디어의 타당성을 다시금 강조한다.

위의 3단 구조별로 아이디어 기획서에서 작성해야 할 목차와 작성 point를 다음 표에 분류했다. 우선 다섯 개의 목차를 중심으로 기획서의 초안을 작성한 후 다음 장 '본문 작성하기'를 통해 살을 붙이는 작업을 순차적으로 진행하면 된다.

이러한 표준 목차를 외우기 어렵다면 '배경 및 필요성, 아이디어 개요, 현황 및 문제점, 개선 및 해결방안, 기대효과'로 줄여서 외우는 것도 방법이다. 다소 유치하게 요약까지 하면서 암기를 권하는 것은 대부분의 공모전이 '배아현개기'라는 목차구조로 기획서 작성을 요구하기 때문이다.

☑ 아이디어 기획서 표준 목차와 내용

구분	아이디어 기획서 표준 목차	작성 Point
서론	• 배경 및 필요성 • 아이디어 개요	• 배경과 필요성이 개요와 밀접하게 관련되는가? • 개요를 핵심적으로 알기 쉽게 제시하였는가?
본론	• 현황 및 문제점 • 개선 및 해결방안	• 문제의 현황과 실태는 잘 정리되었는가? • 국내외 유사 사례 등은 풍부한가? • 객관적이고 신뢰성이 높은 자료를 제시하였는가? • 다양한 관점에서 문제점을 분석하였는가? • 문제해결을 위한 대안은 창의적인가? • 전체적으로 통일성과 논리적 일관성이 있는가? • 추진 전략은 체계적인가?
결론	• 기대효과	• 투자 대비 기대효과가 명확한가? • 기대효과를 다양한 측면에서 제시하였는가?

3. 배경 및 필요성에 대하여: '왜' 제안했는가?

앞서 아이디어 도출 방법을 제시하면서 5번의 'why?'에 대한 중요성을 언급했다.

아이디어 기획서를 작성할 때도 역시 이러한 'why?'가 중요하다. 앞서 이야기한 'why?'는 자기 스스로에게 묻는 것이고 지금 이야기하는 'why?'는 다른 사람에게 기획서를 작성하는 배경과 필요성에 대해 말해야 할때 필요한 것이다.

> '왜'로부터 시작해 정보를 전달하는 순서만 바꿔도 메시지의 효과는 확 달라진다. '무엇을' 역시 중요하다. '왜'를 눈에 보이는 유형의 것으로 드러내준다. 그러나 '왜'가 먼저다. '왜'야말로 다른 모든 것의 맥락이다.
>
> 사이먼 사이넥, 『나는 왜 이 일을 하는가?』

본인이 '왜' 이러한 아이디어를 제안하게 되었는지를 설명하는 배경과 필요성은 크게 두 가지 관점에서 서술할 수 있다.

첫째, 문제점 인식이다. 문제가 발생하고 있는데도 그것을 인식하지 못한다면 그것이 정말 '문제'이다. 그렇다면 기획을 통해 개선해야 할 필요성도 없기 때문이다.

'센트라텔centratel'을 인수하여 미국 최대의 기업으로 성장시킨 샘 카펜터Sam Carpenter는 이러한 문제점을 세 가지로 유형화하였다.

❶ 가시화된 문제

바로 우리의 눈앞에 보이는 것으로 파악하고 있는 문제이다. 예를 들어, A라는 기업의 제품을 구매한 고객이 제품의 결함을 발견하고 AS센터에 찾아와 환불과 피해보상을 요구한다고 가정해보자. 이는 A기업에서 명확하게 파악이 가능한 가시화된 문제이다.

❷ 잠재된 문제

현재는 가시화되지 않았지만 향후 발생될 가능성이 큰 문제이다. A기업은 특정 제품의 개발을 통해 엄청난 매출을 올리고 있지만 향후 기업이 성장할 만한 동력이 될 신사업이나 제품을 개선하기 위한 R&D를 하고 있지 않다고 가정해보자.

이것은 지금 당장은 문제가 아니지만 향후 기업의 성장이 정체되거나 쇠락으로 널어질 수 있는 잠재적인 문제의 근원을 갖고 있는 것이다.

❸ 설정형 문제

미래의 목표를 설정함에 따라 발생하는 문제이다. A기업의 CEO가 제품판매 기업에서 서비스 기업으로 거듭난 IBM과 같은 회사처럼 되는 것을 목표로 했다고 하자.

지금은 큰 문제가 없어 보이지만 향후 IBM처럼 되기 위해서는 현재의 상태를 벗어나야 하는 문제점을 갖게 된다.

둘째, 경험과 체험이다. 내가 보거나, 듣거나, 써보거나, 구매하거나, 사용하거나 하는 실생활에서 겪는 다양한 경험과 체험이 제안 배경과 필요성이 된다.

일례로 버스공제조합에서 개최한 「2012년 버스 사고 예방 아이디어 공모전」에서 은상을 받은 《눈/비 오는 날 승하차 손님을 위한 자동 상단막》은 비나 눈이 오는 날의 불편한 경험을 제안의 필요성으로 작성하였다. (상단막: 버스의 승하차 문의 위에 자동천막을 설치하여 비나 눈이 오는 날 승객 승하차 시 펼쳐지는 장치)

경험과 체험 관점의 배경과 필요성 작성 예시

◆ 눈, 비 오는 날 버스 승하차 시 우산을 접고 펴느라 승하차 시간이 지연됨

◆ 눈, 비를 피하기 위해 탑승 시에는 조금 더 오래 펴고 있으려다 보니 버스 안에 물기를 더 많이 흘리게 되고, 하차 시에는 그 반대 이유로 버스 안에 물기를 더 많이 흘리게 됨

◆ 이러한 물기는 승객들의 미끄럼 사고를 발생시키는 주 원인

◆ 급하게 우산을 펴고 접는 과정에서 앞에 있는 승객을 우산으로 찌르게 되는 경우도 발생

출처 : 임인종, 「2012년 버스사고 예방 아이디어 공모전」 제안서

셋째, 트렌드와 벤치마킹이다. 이는 주로 해외 혹은 타 산업에서 최신 트렌드를 파악하여 국내 혹은 해당하는 산업에 맞춰 적용하자는 취지로 배경과 필요성을 작성하는 것이다.

다음 사례는 「2012년 의정부시 아이디어 공모전」에서 우수상을 받은 《Smart Contents 리빙랩[SC-Living Lab]을 통한 사용자 중심 융합 혁신》의 필요

성 및 제안 배경의 일부 내용이다.(리빙랩: 사용자들이 특정 공간에서 정해진 기간 동안 참여와 실험을 통해 문제를 해결하는 개방형 혁신모델)

> ## 트렌드와 벤치마킹 관점의 배경과 필요성 작성 예시
>
> ◆ 최종 사용자의 참여와 기여를 통해 혁신활동을 추진해 나가는 새로운 혁신 모델로 Living Lab이 대두
>
> ◆ 현재 핀란드, 스웨덴, 이탈리아, 스페인 등 유럽 주요국은 정부 차원에서 혁신 인프라로 Living Lab을 구축하여 적극적으로 활용 중
>
> 출처 : 임인종, 「2012년 의정부시 아이디어 공모전」 제안서

4. 아이디어 개요에 관하여: 핵심 아이디어가 무엇인가?

엘리베이터 스피치라는 말을 한 번쯤은 들어봤을 것이다. 엘리베이터 스피치란 의사결정권자와 엘리베이터에서 만났다고 가정하고, 최고층까지 도달하는 1분 정도의 짧은 시간 동안 프레젠테이션을 해서 원하는 결과를 얻어낼 수 있는 정도의 스피치 기법을 말한다.

이러한 엘리베이터 스피치는 공모전 기획서의 아이디어 개요에도 정확하게 적용된다. 이것이 의미하는 바는 크게 두 가지이다. 첫째는 1분 이내에 당신의 아이디어 핵심을 전달할 수 있어야 한다는 것, 두 번째는 1분은 아이디어를 평가하는 데 충분한 시간이라는 것이다.

실제로 공모전 심사위원들이 평가해야 하는 기획서는 적세는 수십 개에서 수백 개에 이른다. 때문에 그들은 짧은 시간 내에 아이디어의 핵심에 대해 파악하고 판단을 내리길 원한다. 심사위원에게 아이디어 개요를 효과적으로 전달해야만 당신이 힘들게 써놓은 기획서의 나머지 부

분도 읽힐 수 있는 것이다.

즉, 추진 전략이 아무리 체계적이고 기대효과가 거창하더라도 아이디어 개요가 제대로 작성되어 있지 않으면 수상은 이미 물 건너 간 것이나 다름없다.

비즈니스 커뮤니케이션 전문가 샘 혼의 『설득의 언어, 엘리베이터 스피치』에서는 이러한 엘리베이터 스피치의 핵심을 'POP 설득 기법'으로 요약하여 제시했다.

'POP'란 상대를 설득하는 기술로서 제대로 알리고[Purposeful], 독특하며[Original], 간결하게[Pithy]의 줄임말이다.

❶ Purposeful(목적을 제대로 알리기)

당신이 원하는 것을 제대로 알리는 것이 중요하다. 새로운 아이디어를 들은 상대방이 고개를 갸웃거린다면 설득에 실패한 것이다. 상대방의 뇌리 속에 깊숙이 박힐 수 있는 메시지로 읽거나 들었을 때 즉각적인 연상을 촉발해야 한다.

❷ Original(독특함을 지니기)

자신의 아이디어를 알리고 싶다면 우선 사람들의 관심을 끌어야 한다. 사람들은 항상 새로운 것을 찾기 때문에 차별화를 넘어 독특하다고 인정받을 수 있어야 한다.

❸ Pithy(간결하게 전달하기)

인간의 단기 기억 능력은 그다지 뛰어난 편이 아니기 때문에 전하고 자 하는 메시지를 최대한 축약해서 간결하게 전달해야 한다.

이러한 POP를 염두에 두고 아이디어 개요를 작성하고 나면 그 내용 을 주변사람에게 1분 내에 설명하도록 한다. 저자의 경우 와이프에게 간략하게 설명해주고 "쉽게 이해가 가?", "참신해?"라고 반드시 묻는다.

일례로 한국여성과학기술단체 총연합회에서 개최한 「2013년 여름 전 력난 이겨내기 아이디어 공모전」에서 우수상을 받은 《에너지 오디션을 통한 전력난 해소 방안》은 이런 분야에 문외한이었던 와이프조차 개요 만 듣고도 수상을 예견(?)했다.

아이디어 개요 작성 예시

◈ 기업, 공공기관 등 전력공룡이 참여하는 「에너지 오디션」을 개최하여 경연방 식으로 승자를 선정하고 보상을 제공함으로서 에너지 절약에 대한 전 국민적 관심과 자발적 참여를 유도

출처 : 임인종, 「2013년 여름 전력난 이겨내기 아이디어 공모전」 제안서

『의학용어 큰 사전』의 저자 지제근 서울대 교수는 "사전은 아무리 전 문적인 내용을 담고 있어도 중학교를 졸업한 사람이 이해할 수 있어야 한다"고 말했다. 해당 분야의 전문가가 아닌 비전문가가 아이디어 개요 만 보고도 그 내용을 쉽게 이해할 수 있도록 작성해야 할 것이다.

5. 현황 및 문제점에 관하여: 현재 상황은 어떠한가?

기획한 아이디어의 현재 상황을 분석하면서 현상, 원인, 문제점 등을 사실지향적으로 제시하여야 한다. 대부분 현황 및 문제점에서는 제안하는 아이디어로 해결되기를 바라는 문제점을 제시하고 현재상황을 보여준다.

또한 이러한 문제점이 해결된 것을 가정하여 기대효과를 작성하므로 현황 및 문제점에 대한 정확하고도 객관적인 분석이 더더욱 중요하다. 이러한 현황 및 문제점은 다음의 세 가지 경영학적 도구를 활용하면 좀 더 효과적인 분석이 가능하다.

이중 PEST 분석이 가장 활용도가 높지만 SWOT 분석과 3C 분석도 병행하면 좀 더 충실한 현황 및 문제점을 작성할 수 있다.

❶ PEST 분석

PEST 분석은 기업이 활동하는 데 영향을 미치는 정치적Political, 경제적Economic, 사회적Social, 기술적Technological요인을 분석하는 방법이다. 이러한 PEST 분석은 장기적 방향을 설정할 때 주로 참조하며 거시환경분석이

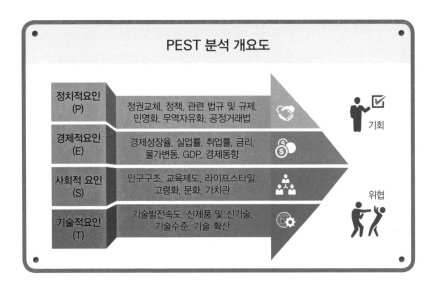

라고도 한다.

 PEST 분석을 통해 다양한 거시환경의 변화가 자사의 비즈니스에 어떠한 영향을 미치는지를 예상하는 것이 중요하다.

 대부분의 아이디어 기획서에서는 PEST 분석을 토대로 현황 및 문제

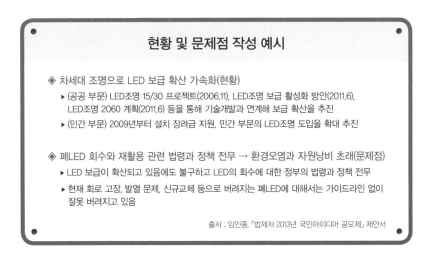

점을 분석한다. 더구나 공모전 개최기관의 특징에 따라 일부 요인 분석에 대해 분석을 집중적으로 해야 하는 경우가 있다.

다음 사례는 법제처에서 개최한 공모전에서 장려상을 받은 「환경보호와 자원확보를 위한 폐LED 회수 및 재활용 정책」으로 정치적 요인 중 법적인 부분에 대해 심층적인 분석을 수행했다.

❷ SWOT 분석

SWOT 분석은 기업의 경영환경 분석을 위해 가장 많이 쓰는 현상분석법이다. 내부환경인 강점^{Strength}과 약점^{Weakness}, 외부환경인 기회^{Opportunity}와 위협^{Threat}을 분석한다.

강점과 약점은 경쟁상대보다 상대적으로 강한 부분과 약한 부분을 의미하며 자사가 통제할 수 있는 부분이다. 반면 기회와 위협은 자사를 둘러싸고 있는 환경적 요인으로 통제하는 것이 불가능한 부분이다.

기업들은 이러한 SWOT 분석을 통해 내부 강점과 약점, 외부 기회와 위협 요소를 분석하여 당면한 문제를 명확히 정의하고 해결책을 모색하는 데 활용한다.

SWOT 분석 후에는 강점으로 기회를 창출하고 위협을 회피하며 약점을 강점으로 발전시키면서 약점과 위협이 부딪히는 상황을 회피하는 전략을 수립하기도 한다.

기업에서 개최하는 공모전인 경우에는 대부분 해당 기업 혹은 제품의 SWOT 분석을 필수적으로 수행해야 한다.

PEST 분석 개요도

		외부환경	
		Opportunity 경쟁 우위 확보에 유리한 외부 환경 요소	**Threat** 위협적이거나 불리한 외부 환경 요소
내부환경	**Strength** 주요 자원과 역량	SO전략 강점을 활용해 기회를 선점 (공격 전략)	WO전략 약점을 보완해 기회를 활용 (기회 관망 전략)
	Weakness 내부적 약점과 저해 요소	ST전략 강점을 활용해 위기를 극복/최소화(정면대응 전략)	WT전략 약점을 최소화해 위협을 회피(방어 전략)

③ 3C 분석

3C 분석이란 기업의 경영환경을 고객^{Customer}, 자사^{Company}, 경쟁사 ^{Competitor} 관점에서 분석하는 것이다.

고객은 시장현황에 대한 분석을 바탕으로 분석하며 현재 시장 규모, 시장성장률, 트렌드, 시장 구조, 고객 유형, 고객 니즈, 고객 라이프스타일 등을 포함한다. 자사는 시장점유율, 핵심 역량, 브랜드 인지도, 경영전략, 총매출, 수익성, 기술력 등을 포함한다. 경쟁사는 진입 장벽, 경쟁자 수, 경쟁 실적, 강점 및 약점 등을 포함한다.

3C 분석을 통해 영향을 미치고 있는 환경 요인이 무엇이고 그 요인을 움직이고 있는 것이 무엇인지를 찾아내는 것이 중요하다. 이러한 3C 분석을 통해서는 자사와 경쟁사에서 성공의 핵심 요인인 KSF를 도출하고 자사가 보유하고 있다면 지속시키고 없다면 확보하려는 노력을 하여야 한다.

3C 분석 역시 기업에서 개최하는 공모전에서 SWOT과 함께 종종 활용한다. 하지만 PEST 분석과 SWOT 분석에서 도출된 내용과 중복되는 부분이 많아 필수적으로 수행하지는 않는 편이다.

6. 개선 및 해결방안에 관하여: 문제를 어떻게 해결할 것인가?

아이디어 기획서의 주요 목차들을 도식화하면 다음의 그림으로 표현할 수 있다.

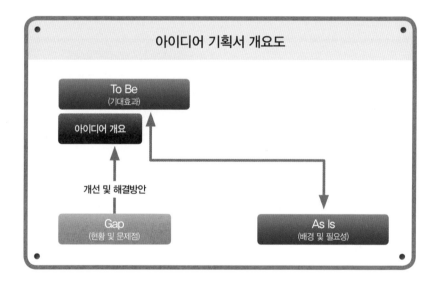

'As Is'는 왜 이 아이디어를 제안하게 되었는지를 설명하는 배경 및 필요성, 'To Be'는 향후 바람직한 미래상인 기대효과, 'Gap'은 양쪽의 간극이 벌어진 상태인 현황 및 문제점을 의미한다. 이러한 Gap을 줄이거나 없애기 위한 아이디어 개요와 그것을 실행할 수 있는 구체적인 내용이 담긴 개선 및 해결방안을 제시하는 것으로 기획서가 구성된다.

주최 측에서 해당 목차에 담길 내용들을 제시했다면 그것을 따르면 된다. 그렇지 않다면 기획서의 목적에 따라 다음과 같은 다섯 가지 유형으로 구분하여 작성해야 한다.

추진 전략, 개선안, 운영 방안, 구현 방안, 마케팅 전략 제시형으로 구성된 다섯 개 유형은 반드시 독립적으로 작성되는 것이 아니라 제안 내용에 따라 두 개 이상 유형이 복합적으로 사용될 수 있다.

☑ 개선 및 해결방안 유형

유형	주요 항목
추진 전략 제시형	비전, 추진 목표, 추진방향성, 세부 추진 전략 등
개선안 제시형	법/제도/규정, 홍보, 프로세스, 인프라 등
운영 방안 제시형	운영 주체, 역할, 일정, 비용, 홍보 등
구현 방안 제시형	R&D, 보유 기술, 필요 기술, 사업화 방안 등
마케팅 전략 제시형	STP, 4P 등

❶ 추진 전략 제시형

추진 전략 제시형은 달성하고자 하는 비전과 목표를 세우고 그에 따라 필요한 수행 전략을 제시하는 유형이다. 여기서는 비전, 추진 목표, 추진 방향성, 세부 추진 전략 등을 주요 항목으로 작성한다.

비전이나 목표는 공모전의 주제나 분야를 핵심 키워드로 삼아 작성하면 된다. 다음 예시의 목표는 해당 공모전의 분야가 스마트 콘텐츠와 제조업 융합과 관련된 지원사업인 것에 착안하여 작성한 것이다.

세부 추진 전략은 비전과 목표를 달성하기 위해 필요한 참신하고 독특한 아이디어를 중심으로 작성한다. 그리고 추진 방향성은 추진 전략

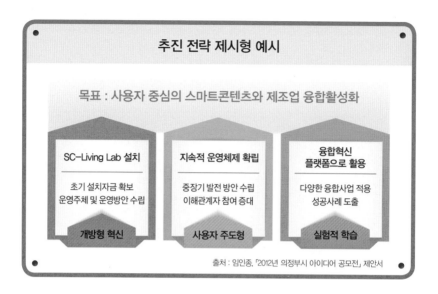

추진 전략 제시형 예시

목표 : 사용자 중심의 스마트콘텐츠와 제조업 융합활성화

SC-Living Lab 설치	지속적 운영체제 확립	융합혁신 플랫폼으로 활용
초기 설치자금 확보 운영주체 및 운영방안 수립	중장기 발전 방안 수립 이해관계자 참여 증대	다양한 융합사업 적용 성공사례 도출
개방형 혁신	사용자 주도형	실험적 학습

출처 : 임인종, 「2012년 의정부시 아이디어 공모전」 제안서

의 주요 방향성으로 작성을 생략해도 큰 문제가 되지 않는다.

이러한 추진 전략 제시형에서는 도식화를 하는 것이 중요한데 비전과 목표를 최상위에 위치시키고 중간에 추진 방향성을, 하단에 추진 전략을 카테고리별로 그룹핑하여 작성하면 된다.

정부부처에서 작성하는 대부분의 보고서가 이와 유사한 형식을 갖추고 있다. 산업 혹은 기술별로 '~발전 전략', '~활성화 전략' 등의 명칭으로 정부부처별 홈페이지에 공지된 보고서나 정부의 정책보고서 관련 통합 검색 사이트인 '정책브리핑www.korea.kr'을 활용하여 검색해볼 수 있다.

❷ 개선안 제시형

개선안 제시형은 당면한 문제점에 대한 해결방안을 1:1 혹은 1:N 형태로 대응시켜 작성토록 한다. 작성해야 할 주요 항목은 법/제도/규정,

홍보, 프로세스, 인프라, 서비스, 운영 등 다양하다.

다음의 예시를 보면 문제점이 법령, 환경오염, 자원낭비를 중심으로 기술되어 있고 해결방안은 법령개정, 제도신설, 환경오염 예방, 적극적 홍보, 인프라 구축 등으로 구성된 것을 볼 수 있다.

이러한 개선안 제시형은 무엇보다도 문제점을 다각적으로 분석하고 체계화하여야 참신한 해결방안도 찾을 수 있다는 것을 명심해야 한다.

개선안 제시형의 문제점 예시

제목 : 환경보호와 자원확보를 위한 폐LED 회수 및 재활용 정책

◈ 폐LED 회수와 재활용 관련 법령 및 정책 全無 → 환경오염과 자원낭비 초래

- LED 보급이 확산되고 있음에도 불구하고 LED의 회수에 대한 정부의 법령과 정책 전무
- LED의 사용기한이 50,000시간(약 5년 7개월)으로 본격적인 교체시기가 아직 도래하지는 않았지만 향후 2~3년 후 심각한 회수문제 대두 예상
  - ※ 국내에서는 2009년부터 본격석으로 LED 보급
- 현재 회로고장, 발열문제, 신규교체 등으로 버려지는 폐LED에 대해서는 가이드라인 없이 잘못 버려지고 있음
- (환경오염) LED의 주요 성분은 다량의 화합물 소재이며, 완성품에는 플라스틱, 렌즈, PCB 등이 포함되어 환경오염의 위험성이 있음
  - • 소재 물질 : 갈륨비소(GaAs), 갈륨인(GaP), 갈륨비소인(GaAsP), 갈륨질소(GaN) 등의 화합물 소재
  - • 구성품 : 플라스틱, 렌즈, PCB, 유리 등
- (자원낭비) 회수에 대한 법령과 정책이 존재하는 폐형광등과 함께 버려지는 경우가 많으나 폐LED의 혼합배출은 폐형광등의 재활용을 어렵게 할 뿐임
  - ※ 폐형광등, 폐LED의 각각의 재활용 방법과 절차는 상이함

출처 : 임인종, 「법제처 2013년 국민아이디어 공모제」 제안서

---

❸ 운영 방안 제시형

운영 방안 제시형은 제안한 아이디어가 실제로 운영된다는 가정하에

개선안 제시형의 해결 방안 예시

◆ **폐기물과 재활용 관련 법령에 폐LED를 반영**
- 폐기물관리법과 폐기물관리법 시행규칙에 폐LED를 폐기물로 지정하여 법의 테두리에서 관리토록 함
- 자원의 절약과 재활용촉진에 관한 법률, 자원의 절약과 재활용촉진에 관한 법률 시행규칙에 폐LED를 포함시켜 재활용을 활성화시키도록 함

◆ **LED를 EPR(생산자재 활용 책임제도) 품목으로 지정하여 관리**
- EPR은 제품을 생산하는 기업(의무생산자)에 일정량의 재활용 의무를 부여하고 의무 미이행 시 재활용부과금을 부과하는 제도로 현재 열다섯 개 품목(전자제품 5개, 전지 4개, 포장재 4개, 타이어, 윤활유)에 대해 적용됨
- 기존 재활용품을 이용해 제품을 생산하는 업체만 지원하던 방식에서 재활용품 수거업체를 함께 지원해 재활용 원료의 수거를 촉진토록 함

◆ **공공기관 및 대량 매출처 우선 분리수거**
- LED가 대량으로 보급된 공공기관, 대형 빌딩 및 사업장에 배출되는 폐LED를 우선적으로 분리수거
- 대형 빌딩 및 사업장에서 배출되는 LED의 양은 일반 가정보다 몇 배 많을 것으로 예상되므로 일정 면적 이상의 빌딩, 사업장에서는 폐LED의 분리매출을 의무화하도록 조례로 명문화

◆ **폐LED 분리수거함 설치 장소 및 수거체계 다양화**
- 아파트 거주 주민의 경우 아파트 관리사무소에 분리수거함 설치를, 단독주택 거주자의 경우 판매점에 분리수거함을 설치를 선호할 것으로 예상되므로 거주지 유형별로 분리수거함 설치 장소를 다르게 함
- 기존 재활용품과 함께 배출할 경우 재활용품 수거차량을 통해 다른 재활용품과 같이 수거하는 방안도 고려

◆ **폐LED 분리수거에 대한 적극적인 홍보**
- 2001년부터 시작한 폐형광등 분리수거도 아직 제대로 이뤄지지 않고 있으므로 대대적인 홍보가 필요함
- 분리수거 초기에 단기적 홍보에 치중하는 것이 아니라 장기적으로 체계적으로 홍보할 수 있는 방안 마련해야 함.
  ex) 판매점, 아파트 엘리베이터 입구 등에 홍보 스티커나 포스터를 부착, 초등학생 대상의 재활용 교육 등

◆ **폐LED 재활용을 위한 인프라 구축**
- 도시광산은 폐가전제품, 산업폐기물 등에 축적된 금속자원 중 일련의 재활용 과정을 거쳐 자원화할 수 있는 금속 또는 관련 산업을 의미
- 전자폐기물의 물량이 빠르게 증가하고 금속 추출의 효율성이 높아지면서 도시광산이 희소금속 확보의 대안으로 부상
- 현재 도시광산의 대부분은 자동차, 전자·전기기기를 대상으로 운영 중이므로 폐LED를 원료로 희소금속을 추출할 수 있는 도시광산의 설립하여 재활용 인프라를 구축

출처 : 임인종, 「법제처 2013년 국민아이디어 공모제」 제안서

운영 방안 제시형 예시

제목 : 에너지 오디션을 통한 전력난 해소 방안

◈ 운영 기관 및 역할

- 본 대회의 전반적인 운영은 한국여성과학기술단체 총연합회 혹은 그에 준하는 공공성 격이 강한 기관이 주관토록 하되 대외 인지도를 고려하여 산업통상자원부의 후원을 받 도록 함

- 정부부처, 지자체, 유관기관 등과의 협력을 통해 전력 대용량 소비자인 기업 및 기관을 대상으로 대대적인 홍보 수행

- 참여 기업(기관)에서 제출한 신청내역에 대해 서류심사뿐 아니라 현장방문을 통해 대회 의 신뢰성을 확보

- 참여 기업(기관)이 많으면 많을수록 대회의 성과가 높아지는 만큼 유관기관과 긴밀히 협조

◈ 관련 오디션 프로그램 벤치마킹

- 홍보, 심사단 모집 및 운영, 평가 방식 등 민간 관점에서 기획을 하여 국민들의 관심과 호응을 유도

- 벤치마킹을 통해 도출한 성공요인 등을 대회 전반에 반영

◈ 참여 기업(기관) 모집

- 한국전력에 대용량 소비자 리스트 요청 후 해당 기업(기관)에 참여 협조 요청공문 발송

*여름철의 경우 냉방수요는 사무실·상가(45%) > 산업(31%) > 가정(24%) 순이므로 소 비량이 많은 기업(기관)을 주요 참여 대상으로 선정

◈ 개최시기

- 전력수요는 계절별, 시간대별 변동성이 높으므로 전력수요량이 많은 7~8월에 개최

◈ 평가 및 심사

- 평가기준 : 전력에너지 절감량, 참여도, 노력 등을 기준으로 평가

- 평가단 구성 : 일반 국민으로 구성된 국민 평가단과 관련 분야 전문가로 구성된 전문가 평가단

- 심사 방식 : 국민 평가단의 경우 온라인 투표와 문자 투표를 평가하고, 전문가 평가단의 경우 구체적 자료와 실사 등을 통해 평가

◈ 보상

- 우승을 거둔 기업(기관)에게는 전기료 감면, 법인세 감면 등 혜택 제공
- 동참한 직원들에게 실질적 혜택을 줄 수 있는 보상 제공 ex) 돈, 기념품 등

◈ 홍보 방안

- 유관기관(산업통상자원부, 지자체 등)의 홈페이지 배너 및 보도자료 배포
- 일간 신문, TV, 라디오 등 전통적 매체의 기사 제공을 통한 홍보
- 트위터, 페이스북 등 SNS 활용

출처 : 임인종, 「2013년 여름 전력난 이겨내기 아이디어 공모전」 제안서

운영에 필요한 전반적인 사항을 작성하는 것이다. 주요 항목은 운영주체, 조직구성, 역할, 일정, 비용, 인력, 홍보 등으로 구성된다.

아래의 예시를 보면 에너지 오디션을 운영하기 위해 필요한 운영 기관 및 역할, 유사 프로그램 벤치마킹, 참여기관 모집, 개최 시기, 평가 및 심사, 보상, 홍보 방안 등으로 구성된 것을 볼 수 있다.

이러한 운영 방안은 여러분이 실제로 어떤 프로그램이나 행사를 진행함에 있어서 무엇이 필요한지를 생각해보고 아이디어에도 그것을 적용시킴으로써 비교적 쉽게 작성할 수 있다.

❹ 구현 방안 제시형

구현 방안 제시형은 제안한 아이디어가 생각에 머무르는 것이 아니라 실제로 제품이나 서비스로 구현하기 위해 필요한 사항을 작성하는 것이다. 주요 항목으로는 R&D, 보유기술, 필요기술, 특허정보, 사업화 방안, 제조 및 생산, A/S 등이 있다.

다음의 예시를 보면 해당 아이디어를 구현하기 위해 필요한 기술과 기술개발의 방향을 통해 제품개발에 대한 전반적인 내용을 작성하고 그 제품을 토대로 사업화를 추진하는 데 있어 고려해야 할 사항들을 작성한 것을 볼 수 있다.

❺ 마케팅 전략 제시형

마케팅 전략 제시형은 제품이나 서비스를 소비자에게 전달하기 위

구현 방안 제시형 예시

제목 : 치매환자를 위한 BCI[Brain Computer Interface] 연계 빅데이터 콘텐츠 생성기술

① 제품화 방안

◆ 개발 필요 기술

- (치매환자용 BCI) 현재 개발된 BCI 기술에 치매환자의 뇌파를 정밀하게 감지할 수 있는 기능을 추가 개발. 특히 제시된 회상물에 반응하여 변화하는 뇌파의 변동폭을 감지할 수 있는 기능 필요

- (회상물 Pool Solution) 슈퍼컴퓨터를 활용하여 빅데이터 기반의 사진, 영상, 이미지 등 다양한 콘텐츠를 저장하고 BCI에서 측정된 뇌파 중 일정 수준이 넘는 신호가 감지되는 콘텐츠를 자동적으로 선별하여 별도 저장하는 기능을 갖춘 SW

- (스토리텔링 콘텐츠 제작 S/W) 회상물 중 치매환자의 뇌파(알파, 베타)가 정상인에 가까워지는 긍정적 강화 회상물을 소재로 개인만의 스토리가 있는 멀티미디어 콘텐츠를 제작할 수 있는 S/W

◆ 기술 개발 방향

- (전문가 의견 수렴) 의사, 엔지니어, 사회복지사, SW 공학자 등 본 아이디어를 구현하는 데 있을 필요한 다양한 전문가들의 의견을 수렴하여 기술개발 수행

- (기술과 콘텐츠 연계방안 수립) BCI, 빅데이터, 콘텐츠 Pool Solution, 콘텐츠 제작SW 등의 기술적 요소와 스토리텔링 방식을 활용한 콘텐츠간의 연계방안 수립

- (관련 정부 R&D 활용) 「창조경제 실현을 위한 미래부 BT 분야 투자 전략」 중 뇌연구 분야의 R&D 과제 참여

② 사업화 방안

◆ 연구원-병원-기업간 협력을 통한 기술사업화

- BCI 기술, 슈퍼컴퓨팅, 빅데이터 기술을 보유한 연구원에서 기술이전 or 수탁과제를 통해 관련 기업과 제품화를 하여 치매치료를 수행하는 병원에 납품

◆ 참여자별 Role&Responsible 확립

- 환자에게 회상물을 제시하고 BCI 측정하는 일련의 과정은 많은 시간이 소요되므로 전반적인 검사는 비의료인이 하고 인건비가 높은 의사는 관리감독 역할 수행

◆ 관련 기관의 적극적인 참여와 홍보

- 치매와 직접적으로 관련된 보건복지부, 질병본부 등은 물론 지자체, 일정 규모의 병원, 노인치매병원, 슈퍼컴퓨터 보유기관 등 다양한 이해관계자들을 참여시키고 적극적으로 대외적인 홍보 수행

출처 : 임인종, 「2014년 슈퍼컴퓨터 활용 아이디어 경진대회」 제안서

한 체계적인 경영인 마케팅과 관련 사항을 정리한 것이다. 주요 항목은 STP, 4P 등 마케팅 이론들을 활용하여 작성한다.

우선 STP는 마케팅 전략 수립 시 소비자별로 시장을 세분화^{Segmentation}하고, 이에 따른 표적시장의 선정^{Targeting}, 그리고 표적시장에 적절하게 제품이나 서비스를 포지셔닝^{Positioning}하는 일련의 활동을 의미한다.

4P는 마케팅 과정에서 목표를 달성하는 데 있어 가용 가능한 수단인 네 가지 요소에 대한 전략을 의미한다. 우선 제품전략^{Product}은 콘셉트, 개발, 품질, 브랜드, 디자인 등을 기존 제품과 차별화하는 전략이다. 가격전략^{Price}은 원가 중심, 경쟁 중심, 소비자가치 중심의 가격 결정을 경쟁 상황이나 희소성 등 복합적 판단으로 설정하는 것이다. 유통전략^{Place}은 제품의 특성별로 도매상, 소매상, 대리점, 백화점, 할인점, 온라인 쇼핑몰 등의 유통경로를 설계하는 것이다. 촉진전략^{Promotion}은 광고, 판촉, 홍보, 인적판매 등으로 자사의 제품을 알리고 구매를 유도하는 행위이다.

다음의 예시를 보면 노인들을 위한 기능성 온라인 게임에 대한 마케팅 전략을 4P를 활용하여 제시하고 있다. 앞서 제시한 네 개의 유형은 정해진 항목이 없기 때문에 아이디어에 적합한 항목을 고민하고 유형화하는 작업이 필요하다. 하지만 마케팅 이론을 활용하면 이러한 과정이 필요 없이 바로 항목별로 내용을 작성하는 것이 가능하다는 이점이 있다.

또한 4P의 경우에는 다른 유형의 항목 중 홍보 부분에 적용하여 활용하는 경우가 많으므로 자세하게 알아두는 것이 좋다.

7. 기대효과에 관하여: 해결하면 무엇이 좋아지는가?

기대효과는 제안한 아이디어가 실행 or 구현 or 적용 or 개선 or 실현 or 운영되었을 경우 무엇이 좋아지는가에 대해 구체적인 사항을 제시하는 것이다.

기대효과를 막연하게 생각하기보다는 문제점을 생각해보는 것이 쉽다. 결국 문제점을 해결하기 위해 제안을 한 것이고 그것이 해결되면 무엇이 좋아지는지를 보여주는 것이기 때문이다.

기대효과 예시(1)

제목 : 환경보호와 자원확보를 한 폐LED 회수 및 재활용 정책

◆ 환경오염방지와 생태계 보존
- 폐LED를 그냥 버리거나 소각시키면 폴리염화비페닐(PCBs)과 폴리브롬화비페닐 (PBBs), 폴리브롬화디페닐에테르(PBDEs) 등의 유독성 화학물질이 배출
- 이러한 화학물질은 환경오염의 주범일 뿐 아니라 모든 생물의 몸속에 축적되어 먹이사슬 상위에 위치한 인간에게 영향을 미침
- 폐LED의 분리수거와 재활용을 통해 환경보호와 인간의 건강한 삶을 지킬 수 있음

◆ 지구온난화 관련 CO^2 감축
- 전기·전자제품에 사용되는 금속자원을 재활용함으로써 CO^2 감축
  ※ 폐금속자원 재활용 10%당 감축되는 CO^2양은 20,380톤(환경부, 2009)

◆ 자원재활용을 통한 자원 확보와 부가가치 창출
- LED의 수요가 증가할수록 이를 제조하는 데 필요한 자원의 수요 또한 증가. 폐LED를 재활용함으로써 LED제조에 필요한 원재료를 확보하여 자원낭비를 방지
  ※ 최근 노트북, 컴퓨터, 디스플레이 제품 등의 제조에 필수적인 인듐이 수요증가에 따라 고갈되어 가격상승 요인으로 작용
- 폐LED 재활용에 따른 매립(소각) 비용 절감
  ※ 2007년 기준 폐금속자원(금속캔, 전지, 전자제품) 재활용에 따른 매립(소각) 절감비용은 약 456억 원(2009, 환경부)
- 무역역조해소 효과(수입 대체 효과)
  ※ 금속스크랩 해외수출량의 내수 전환 및 희유금속 재활용률 20% 증대시키면 연 24.2억불 무역수지 개선 가능(2009, 환경부)

◆ 전자폐기물로 인한 외교분쟁 방지
- 현재 선진국에서 발생하는 대부분의 전자폐기물은 저렴한 노동력과 느슨한 환경법을 갖춘 아시아지역으로 보내지고 있음
- 1989년 바젤협약을 통해 각종 전자폐기물의 국제간 이동이 금지되었지만 전 세계에서 발생하는 전자폐기물의 70%는 중국으로 수출 중
- 이러한 전자폐기물은 해당 국가의 환경오염은 물론 국민들의 건강을 심각하게 훼손하므로 국가 간 분쟁으로 이어질 가능성 존재

출처 : 임인종, 「법제처 2013년 국민아이디어 공모제」 제안서

기대효과 예시(2)

제목 : 에너지 오디션을 통한 전력난 해소 방안

◆ 피크시즌의 전력 사용량 감소
- 전력 대용량 소비자들이 오디션을 치루는 기간만큼 전력 사용량이 대폭 감소
- 오디션이 끝난 이후에도 에너지 절약이 습관화되어 지속적인 전력 사용량 감소 예상

◆ 정부의 에너지절약 정책 홍보
- 정부에서 추진하는 에너지절약 정책에 대한 일반인의 인식이 미흡하지만 본 오디션을 통해 정책과 관련된 다양한 정보 제공
- 일반 국민들도 손쉽게 에너지절약 정책을 알게 됨

◆ 에너지 절약에 대한 전 국민적 공감대 형성
- 오디션에 참여하는 기업(기관)의 구성원을 중심으로 에너지절약의 필요성과 중요성을 실감
- 추후 오디션이 다양한 기업(기관)은 물론 산업과 가정 소비자에게까지 확대된다면 전 국민적으로 공감대 형성이 용이

출처 : 임인종, 「2013년 여름 전력난 이겨내기 아이디어 공모전」 제안서

아이디어의 기대효과 예시 항목으로는 개최기업/기관 측면, 사회적 측면, 경제적 측면, 국가적 측면, 지역사회적 측면, 개인적 측면 등이 있다. 이처럼 기대효과는 다양한 관점으로 분석하여 예측해야 한다.

누구보다 알차게
본문 작성하는 노하우

생각을 글로 표현하기

얼마 전 과천과학관에서 노벨상 수상 아이디어 스케치 사진전 '스케치 오브 사이언스Sketches of Science'가 개최되었다. 커다란 전지에 노벨상 수상자들이 직접 자신의 수상 아이디어를 크레용으로 자유롭게 스케치하고 이를 사진으로 촬영하여 전시한 것이다.

'젊은 세대에게 영감을 주는 즐거운 과학'이라는 콘셉트와 걸맞게 노벨상을 받은 어려운 이론을 누구나 알기 쉽게 그림으로 표현한 작품들로 사람들에게 많은 관심을 받았다.

투자의 대가 피터 린치[Peter Lynch]는 "그림으로 표현할 수 없는 아이디어에는 투자하지 말라"고 하였고, 『생각의 도구』 저자인 가토 마사하루[加藤昌治]는 "그림으로 표현할 수 없는 것은 아이디어라 할 수도 없다."라고 말해 아이디어의 도식화를 강조하였다.

아이디어 기획서 중 아이디어 개요는 반드시 도식화하여 누구나 쉽게 이해할 수 있을 만큼 단순하고 빠르게 전달할 수 있어야 한다.

▲ 스케치 오브 사이언스 개요도

❶ 아이디어의 개요 작성

우선 아이디어의 개요를 3~4줄의 문장으로 정리해야 한다. 이것은 '핵심 아이디어가 무엇인가?(아이디어 개요)' 부분을 참조한다.

❷ 키워드 도출

아이디어 개요 중 내용을 함축적으로 포현할 수 있는 키워드 다섯 개 내외를 추출하여 나열한다. 이때 전달해야 하는 주요 내용과 그 내용 간의 관계를 설명하는 단어로 구분할 수 있다.

❸ 구조화 중심의 스케치

뽑아놓은 키워드를 기본 도형(원, 네모, 세모, 선 등)을 활용하여 그림의 형태로 구조화한다. 시간이 부족하다면 여기까지만 해도 좋지만 좀 더 완성도를 높이려면 다음 단계로 넘어가자.

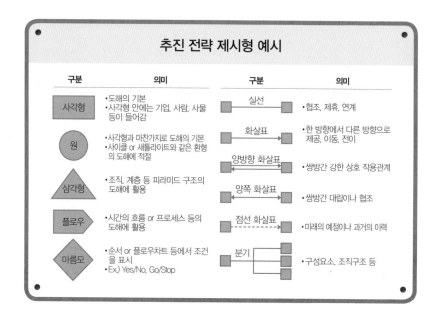

❹ 시각화를 고려한 꾸미기

시각화란 만들어진 구조적 형태를 정리하고 강조할 부분을 부각하는 것이다. 이 단계에서는 이해를 돕도록 다양한 도형, 이미지, 클립아트 등을 활용한다.

구글이나 네이버에서 키워드를 이미지 검색하면 적절한 이미지를 찾기는 쉽지만 저작권 문제가 발생할 수 있으므로 플리커^{www.flickr.com}, 모그파일^{www.morguefile.com} 등에서 저작권 없는 이미지 파일을 활용하는 것이 좋다.

클립아트는 MS 오피스^office.microsoft.com/ko-kr/images/ 외 오픈클립아트^www.openclipart.org, 퍼블릭 도메인 클립아트^www.pdclipart.org 등에서 다양한 형태로 제공한다.

글을 그림으로 표현하는 것은 쉬운 일이 아니고 오랜 시간 많은 노력을 해야만 얻을 수 있는 능력이다. 그런 능력을 빠르게 키우고 싶다면 신문을 활용하는 것이 좋다.

컨설턴트 초기에 하루 수십 장씩 PPT 장표를 찍어내야(?) 했지만 도식화를 잘하지 못해 크게 고생했다. 그때부터 신문기사 중 도식화가 있는 부분을 골라 그것을 그대로 따라 그리는 연습을 하루에 3~4장씩 수개월간 지속했다.

신문사의 일류 디자이너들이 딱딱하고 어려운 신문기사 내용을 알기 쉬운 형태로 도식화한 것을 모사하다 보니 어느 순간 나 역시 콘텐츠를 도식화하는 것이 자연스러워졌다.

최근에는 인포그래픽(infographics, 정보와 그래픽의 합성어로 정보·자료·지식을 구체적·표면적·실용적으로 전달하는 것)을 활용하여 뉴스를 제공하는 사이트들도 있어 도식화를 위한 연습을 하기가 훨씬 쉽다.

> 영상적 사고에 뛰어난 사람들이 있다. 그들은 무슨 생각을 하면 그것을 상상 속에서 시각화한다. … 영상적으로 사고하는 사람들의 두 뇌가 텔레비전처럼 일한다면, 개념적으로 사고하는 사람들의 뇌는 라디오처럼 일한다고 볼 수 있다.
>
> 롤프 메르클레 외, 『감정사용설명서』

적절한 인용과 편집

> 세상 모든 것들은 끊임없이 구성되고, 해체되고, 재구성된다. 이 모든 과정을 나는 한마디로 '편집'이라고 정의한다. 신문이나 잡지의 편집자가 원고를 모아 지면에 맞게 재구성하는 것, 혹은 영화 편집자가 거친 촬영 자료들을 모아 속도나 장면의 길이를 편집하여 관객들에게 전혀 다른 경험을 가능케 하는 것처럼, 우리는 세상의 모든 사건과 의미를 각자의 방식으로 편집한다.
>
> 김정운, 『에디톨로지』

김정운 교수에 앞서 말콤 글래드웰도 2011년 워싱턴포스트에 애플의 최고 히트제품인 아이팟과 아이폰, 아이패드 등 잡스가 남긴 제품들은 이미 시장에 나와 있던 아이디어를 개선한 것이라고 지적하며 "잡스의 천재적인 감각은 혁신이 아니라 편집에 있었다"는 내용의 글을 기고했다.

편집의 중요성은 기획서에서 더더욱 강조된다. 스스로 모든 자료를 작성할 수는 없기 때문에 기존에 누군가 작성해놓은 자료 중 적절한 것을 인용하고 편집하는 작업이 필요하다.

특히 시각자료(그래프, 그림, 사진, 도표 등)는 데이터 생성과 표현에 많은 시간이 걸리기 때문에 기존 자료를 활용하는 것이 효율적이다. 이러한 자료를 인용하고 편집할 때 다음과 같은 사항을 염두에 두어야 한다.

❶ 출처 밝히기

최근 유명 정치인, 연예인은 물론 대학교수들까지도 논문표절로 곤혹을 겪은 사례가 많다. 교육부의 연구윤리 지침은 표절을 '타인의 아이디어, 연구 내용·결과 등을 적절한 인용 없이 사용하는 행위'라고 규정하고 있다.

이러한 표절을 판단하는 데 가장 많이 통용되는 것이 '여섯 개 단어 연쇄 동일 여부 기준criteria for 6 consecutive same words'이다. 이 기준에 의하면 인용부호("")와 출처표시 없이 남의 표현을 그대로 가져와서 쓰는 경우, 여섯 개 단어부터는 표절로 추정한다.

간혹 전문가의 의견이나 특정 기관에서 발표한 자료를 자신이 작성한 것처럼 기획서에 마음껏 활용하고 출처를 밝히지 않는 경우가 있다. 운이 좋아 표절이 걸리지 않더라도 추후 표절이나 도용과 관련된 문제가 발생하면 제안자에게 입증할 책임이 있으므로 유의해야 한다.

혹은 의도적이지는 않지만 가장 많이 실수를 하는 것이 그래프나 도표 등을 복사해 넣고는 출처를 밝히지 않는 경우이다. 이는 표절도 표절이지만 자료의 객관성을 현저하게 떨어뜨리는 것이므로 조심해야 한다.

❷ 신뢰성 부여하기

커뮤니케이션 법칙 중에 '권위의 효과'라는 것이 있다. 이는 상대가 신뢰할 수 있는 제3의 권위를 끌어와 신뢰를 주고 설득력을 높이는 것이다.

기획서의 내용은 설득력을 높이기 위해서는 공신력이 있는 기관에서 발표한 자료와 해당 분야 전문가의 의견을 인용하는 것이 중요하다. 인터넷에 떠돌아다니는 출처가 불명확한 데이터나 비전문가의 의견을 인용하는 경우에는 이러한 신뢰성이 현저히 떨어진다.

특히 데이터를 인용할 때는 IDC, Gartner 등 전문 시장조사기관이나 통계청의 자료를 활용하는 것이 바람직하다.

❸ 최신 자료 활용하기

음식에 유통기간이 있는 것처럼 자료에도 유통기간이 있다. 일반적으로 5년 이내의 자료라면 어느 정도 유효성을 갖췄다고 볼 수 있지만 최근에는 그 기간이 계속 줄어들고 있다.

특히 IT분야는 시장조사 자료도 많이 발표되고 트렌드가 급변하는 만큼 1~2년 이내의 자료를 활용하는 것이 좋다.

오래전 자료를 인용하면 기획서의 설득력이 현저히 낮아지고 결국 현실성이 부족하다는 평가를 받게 된다.

❹ 나만의 방식으로 편집하기

시각자료(그래프, 그림, 사진, 도표 등)를 인용할 때 단순히 '복사하기'와 '붙여넣기'를 할 것이 아니라 적절하게 편집을 하도록 한다. 예를 들어 강조할 포인트는 빨간색 점선으로 표시하거나 화살표로 향후 진행될 방향을 제시해주는 도식을 추가하는 것이다.

시각자료 중 그래프, 그림, 사진은 그대로 복사해서 부분적으로 편집

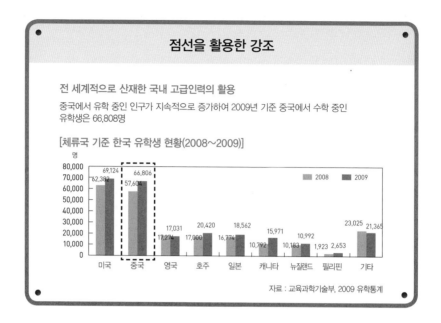

점선을 활용한 강조

전 세계적으로 산재한 국내 고급인력의 활용

중국에서 유학 중인 인구가 지속적으로 증가하여 2009년 기준 중국에서 수학 중인
유학생은 66,808명

[체류국 기준 한국 유학생 현황(2008~2009)]

자료 : 교육과학기술부, 2009 유학통계

을 해도 되지만 표는 완전히 재작성하는 것이 좋다. 다른 시각자료들은
똑같이 그리기가 어려운 경우가 많지만 표를 그대로 활용하면 성의가
부족하다는 느낌을 줄 수도 있다.

또한 표를 다시 작성할 때는 본문과 다른 글씨체(통상적으로 중고딕)
를 사용하고 구분 항목을 볼드bold체로 하거나 배경에 색깔을 넣도록
한다.

'3의 법칙'으로 강조하라

우리 주변을 돌아보면 '3'이라는 숫자와 연관된 표현, 속담이나 격언
이 많다는 것을 알 수 있다. '삼세판', '남자는 평생 세 번만 운다', '맹모
삼천지교', '서당 개 삼 년이면 풍월을 읊는다', '삼위일체', '삼고초려', '상중

하', '삼진아웃' 등 수두룩하다.

심리학적으로 사람들은 세 가지 정보가 주어졌을 때 가장 쉽게 이해하고 오래 기억한다. 이를 '3의 법칙'이라고 한다. 중요한 주장이나 해결책을 제시할 때는 3이라는 구조를 사용하는 것이 효과적이다. 그래서 청중을 설득하기 위한 연설과 제안에서도 3의 법칙이 어김없이 강력한 힘을 발휘한다.

미국 대통령 오바마의 2004년 민주당 전당대회의 기조연설도 '3의 법칙'을 사용하여 지지율을 높이는 데 일조하였다.

> 저는 우리가 중산층을 돕고 근로자에게 길을 열어줄 수 있다고 믿습니다. <중략> 저는 우리가 실업자에게 일자리를 제공하고 노숙자에게 집을 주고 전국의 젊은이들을 구할 수 있다고 믿습니다. <중략> 저는 우리가 올바른 길을 가고 있으며 역사의 갈림길에서 올바른 선택을 하며 과제를 달성하리라고 믿습니다.
>
> 오바마, 2004년 민주당 전국대회 연설문

MS CEO 스티브 발머Steve Ballmer는 2009년 CES(Consumer Electronics Show, 세계가전전시회)에서 '3의 법칙'을 무려 5번이나 사용했다.

> 앞으로 세 가지 핵심 영역이 있습니다. 첫 번째 영역은 우리가 매일 사용하는 컴퓨터, 휴대전화, 텔레비전의 융합입니다. 두 번째 영역은 컴퓨터와 다른 기기들의 상호작용입니다. 세 번째 영역은 '연결된 경험'입니다.
>
> 스티브 발머, 2009년 CES

앞서 제시한 표준 목차 중 배경 및 필요성, 현황 및 문제점, 기대효과 등을 작성할 때 이러한 3의 법칙을 활용하도록 한다.

예를 들어 특정 아이디어 기획의 배경 및 필요성을 작성할 때, '첫째는... 둘째는... 셋째는...'과 같이 세 개의 핵심적인 내용을 작성하는 것이 가장 효과적이다.

기획서의 외모와 몸매 가꾸기

여기까지 왔으면 기획서의 기본기는 모두 다져졌다. 하지만 무언가 부족하다. 이제 기획서를 좀 더 업그레이드를 할 수 있는 부분을 찾아보자.

❶ 개조식 문장으로 바꾸기

기획서의 문장은 짧게 끊어서 중요한 요점이나 단어를 나열하는 개조식으로 작성해야 한다. 불필요한 조사, 접속사, 접미어, 형용사 등을 최대한 배제하여 문장의 끝을 '~임', '~함', '~음' 등 동명사나 명사로 끝맺음을 하도록 한다.

기획서에서는 높임말을 쓸 필요가 없다. 심사위원에게 잘 보이기 위해서 높임말을 쓸 것이 아니라 개조식 문장으로 내용을 잘 보여주는 것이 중요하다.

앞서 예시로 보여준 공모전 수상작들을 보면 모두가 개조식이고 미처다 보여주지 못한 기획서들도 마찬가지로 개조식으로 작성되어 있다.

이러한 개조식 문장을 작성할 때 다음과 같은 팁을 알아두면 유용하다.

🔍 요점과 키워드 중심으로 작성

🔍 3줄 이하로 작성

🔍 문장의 끝은 명사형, 마침표는 생략

🔍 불필요한 형용사와 부사 사용 자제

단, 개조식 문장은 생략이 많아 문맥이 자연스럽지 않고 내용이 단절될 수도 있는 만큼 작성 후에는 꼼꼼하게 다시 살펴보아야 한다.

❷ 넘버링과 레벨링

기획서는 큰 항목부터 작은 항목까지 넘버링이 필요하다. 넘버링을 하지 않으면 내용 구분이 명확하지 않은 기획서가 될 수 있다.

넘버링은 일반적으로 '1·2' / 'Ⅰ·Ⅱ' / '가·나' / 'A·B' 등 '글머리 기호'를 붙이는 것이다. 기획서의 내용이 많지 않을 경우에는 'ㅁ/O/·' 등의 특수기호를 사용하기도 한다.

'ㅁ' 항목에 작성된 내용만 읽어도 기획서 전체를 파악할 수 있도록

☑️ 넘버링과 레벨링 예시

숫자	영문	국문	혼합
1. ✓(1) ✓✓① 2.	Ⅰ. ✓A. ✓✓a. Ⅱ.	가. ✓(가) ✓✓㉮ 나.	Ⅰ. ✓가. ✓✓①. Ⅱ.

※ ✓는 띄어쓰기 표시

하고, 'ㅇ'에는 구체적인 내용을 제공하며, '·'에는 더 구체적인 데이터나 세부적인 자료 등을 제시하도록 한다.

반면 레벨링은 '글머리 기호' 간의 위계를 정해주는 것이라고 할 수 있다. 이러한 위계는 내림차순이나 들여쓰기로 표현하는 것이 일반적이다. 레벨링의 표준원칙은 숫자가 문자보다 그리고 괄호 기호가 동그미 기호보다 상위이다.

❸ 글씨체와 크기

주최 측에서 글씨체와 크기를 정해주기도 하지만 그렇지 않다면 본인이 결정해야 한다. 기획서를 모두 똑같은 글씨체와 크기로 작성한다면 변화가 없어 읽는 사람이 쉽게 지친다. 때문에 두세 가지 글씨체와 크기로 변화를 줄 필요가 있다.

물론 이러한 규칙이 딱 정해져 있는 것은 아니다. 다만 공공기관에 근무하다 보니 정부 보고서를 자주 접하게 되는데 그런 보고서들의 글씨체와 글씨 크기의 특징들을 다음과 같이 정리해보았다.

우선 제목과 중간 목차 등은 HY헤드라인 M체를 사용하여 눈에 확 띄도록 강조한다. 제목의 글씨크기는 20~30포인트로 가장 크게 하고 큰 항목은 14~16 포인트가 적당하다. 그리고 본문은 휴먼명조체를 쓰고 글씨 크기는 11~13포인트로 한다. 실제 한 연구 조사 결과에서도 신뢰도가 가장 높은 글씨체가 명조계열이라고 나왔고, 신문과 정부에서 발간하는 보고서들도 대부분 명조계열을 사용한다.

본문 중간에 참고내용을 넣거나 구체적인 수치 등을 표시할 때는 '※' 표시를 본문 글씨 크기보다 1~2포인트 작게 중고딕으로 작성한다. 표 안의 글씨도 마찬가지이다.

Stage 09

심사위원 마음에 쏙 드는
매력적인 프레젠테이션

떨지 않는 프레젠테이션 준비 방법

❶ 발표일에 휴가를 내라

PT를 하는 2차 심사일이 주말이나 휴일이면 좋겠지만 대부분의 공모전은 평일에 심사를 하기 때문에 직장인의 경우 시간을 내기가 쉽지 않다. 그래서 팀을 구성할 때 참석이 비교적 용이한 대학(원)생, 프리랜서가 포함된 팀을 이루는 것도 방법이다.

마땅한 팀이 없을 경우에는 회사에 당당하게 휴가나 반차를 내고 발표장에 가기 바란다. 어떻게 하면 회사 출장을 빌미로 아니면 잠시 외출을 통해 발표를 해야지 하고 딴 맘을 먹다가는 오히려 더 큰 문제를 일으킬 수 있다. 공모전에 따라 시상식 내용이 해당 홈페이지뿐만 아니라 언론보도가 되는 경우도 있기 때문이다. 업무차 나갔다던 직원이 공모전 시상식 사진에 찍혀 있다거나 수상자 명단에 나온다면 상사에게 두고두고 찍히는 것은 당연지사이다.

지인 중에는 회사업무를 핑계로 2차 심사를 갔다가 심사위원으로 자신의 팀장과 친한 동종업계 사람을 만나는 바람에 발표도 제대로 못하고 두고두고 입에 오르게 된 경우도 있다.

❷ 3P를 분석하라

프레젠테이션 준비단계에서는 발표를 들어주는 대상^{People}, 내가 추구하는 목적^{Purpose}, 발표하는 장소^{Place}라는 3P에 대한 분석을 해야 한다.

첫 번째 대상^{People} 분석은 청중의 직업, 성별, 성향, 지식 수준, 지역, 학력 등을 사전에 파악하는 것이다. 공모전 프레젠테이션의 대상은 평가위원들이다.

평가위원들은 대학교수, 변리사, 임직원, 관련 업종 종사자 등 3~6명 내외로 구성된다. 전체적인 공모전 주제나 관련 산업에 대한 전문성을 어느 정도 갖추고 있는 사람들이지만, 발표자의 주제에 대해서는 그렇지 않은 경우가 있다. 1차 서류평가와 2차 발표평가의 평가위원이 다르기 때문에 아이디어의 핵심에 대해 상세하고도 명확한 발표를 해야 한다.

공모전 평가위원은 비공개이므로 미리 특성을 파악하기는 어렵다. 때문에 현장에서 평가위원에 대한 분석을 해야 한다. 그중에서 가장 중요한 것이 심사평가에 가장 큰 영향을 미치는 키맨, 바로 평가위원장을 찾는 일이다.

일반적으로 평가위원장은 평가위원 중 가장 나이가 많은 사람이 맡게 되고 좌석 위치도 가운데일 경우가 많다. 평가위원장에게 좀 더 많은 눈길을 주고eye contact 상대방의 반응을 잘 살피면서 발표를 진행해야 한다.

둘째, 목적Purpose 분석이다. 프레젠테이션의 목적은 '왜 프레젠테이션을 하는가?'에 대한 답이다. 이러한 목적은 정보전달, 제안, 설득, 교육, 의례, 동기부여, 엔터테인먼트 등으로 구분할 수 있다.

공모전 프레젠테이션은 해당 주제에 대해 평가위원들에게 새로운 지식을 제공하는 '정보전달', 기존과는 다른 방식의 해결방안을 제시하는 '제안', 그로 인해 호의적인 태도를 주고 동의를 얻어내는 '설득' 등 복합적인 목적을 갖는다. 때로는 엔터테인먼트 요소도 부여하여 분위기를 전환시키는 것도 필요하다.

셋째는 장소Place 분석이다. 프레젠테이션을 하는 장소와 기자재를 분석하는 것으로 약도, 좌석 배열, 스크린 위치, 인터넷 환경, 빔프로젝트 유무 등이 해당된다.

발표자는 발표자료에 동영상이 있다면 동영상 플레이어 설치 여부를 확인하고, 인터넷 링크가 삽입되어 있다면 인터넷 연결 가능 여부를 사전에 공모전 운영자에게 확인하는 것이 필요하다.

❸ 스토리보드 만들기

스토리보드란 영화나 텔레비전 광고 또는 애니메이션 등의 영상물을 제작하기 전에 보는 사람이 스토리의 내용을 쉽게 이해할 수 있도록 주요 장면을 그림으로 정리한 계획표를 의미한다.

스토리보드가 1930년대에 디즈니 애니메이션 스튜디오에서 처음 사용된 이후 30초짜리 광고부터 상영시간이 긴 영화, 비즈니스 발표 등에 있어 필수적인 준비 작업으로 여겨지고 있다.

공모전 프레젠테이션에서 스토리보드는 전체적인 흐름을 파악하고 슬라이드 한 장 한 장을 어떻게 구성하고 어떻게 연결할 것인가에 대해 구체적으로 설계할 수 있도록 한다.

프레젠테이션 스토리보드에 담겨야 할 구성요소로는 해당 슬라이드, 소제목, 발표 원고, 소요시간, 브릿지 멘트 등이 있다.

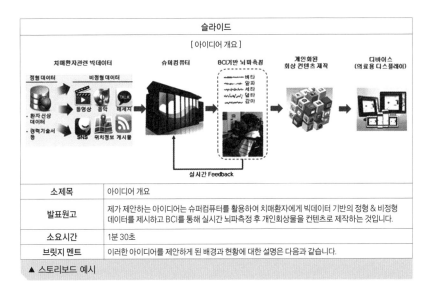

슬라이드	
소제목	아이디어 개요
발표원고	제가 제안하는 아이디어는 슈퍼컴퓨터를 활용하여 치매환자에게 빅데이터 기반의 정형 & 비정형 데이터를 제시하고 BCI를 통해 실시간 뇌파측정 후 개인회상물을 컨텐츠로 제작하는 것입니다.
소요시간	1분 30초
브릿지 멘트	이러한 아이디어를 제안하게 된 배경과 현황에 대한 설명은 다음과 같습니다.

▲ 스토리보드 예시

심사위원 마음에 쏙 드는 PPT 작성법

❶ 헤드라인 메시지를 작성하라

전 미국대통령 아이젠하워는 "스피치의 주제는 성냥갑 위에 쓸 수 있을 만큼 간략해야 한다"라며 자신이 말하고자 하는 핵심 주제를 한두 줄로 요약할 수 있어야 설득력이 있는 스피치가 될 수 있음을 강조했다. 프레젠테이션의 정석으로 여겨지는 스티브잡스는 '한 장의 슬라이드에 한 개의 아이디어'라는 'one page one message' 원칙으로 설득력 있는 발표를 했다.

이처럼 한 장의 슬라이드에 담기는 핵심적인 문장을 '헤드라인 메시지'라고 한다. 헤드라인 메시지의 역할은 한정된 발표시간 내에 각 슬라이드에서 전달하고자 하는 내용을 명확히 드러내줌으로써 효과적인 발표를 가능토록 해준다.

공모전 프레젠테이션에서 헤드라인 메시지를 작성하는 방법은 다음과 같다.

우선 해당 슬라이드에서 키워드를 도출한다. 이때 키워드는 추상적인 단어가 아니라 구체적이고 실질적인 단어로 선별한다.

그리고 키워드를 중심으로 '주어 + 술어 + 목적어'의 능동태 문장을 작성한다. 이때 문장의 길이는 최대 3줄, 150자를 넘지 않도록 한다.

마지막으로 작성된 헤드라인 메시지가 반드시 심사위원에게 전하고자 하는 내용인지와 해당 슬라이드를 함축적으로 요약한 것이 맞는지 검토한다.

② 슬라이드의 구성 원리를 이해하고 작성하라.

슬라이드를 볼 때 청중의 시선은 'Z의 법칙'에 따라 움직인다. 이는 시선이 대개 왼쪽에서 오른쪽, 위에서 아래로 보는 흐름을 따른다는 것이다. 때문에 슬라이드의 메시지, 도형, 도표 등은 이러한 원리에 따라 작성되어야 한다.

이를 바탕으로 슬라이드를 구성하는 여섯 가지 요소들을 세부적으로 살펴보도록 한다.

첫째, 제목과 소제목이다. 현재의 내용이 어디에 속하는지를 상위레벨(대제목)과 하위레벨(소제목)로 구분하여 슬라이드 전체의 흐름을 파악할 수 있도록 한다.

둘째, 헤드라인 메시지이다. 슬라이드의 내용을 축약하여 핵심적으로 전달하는 역할을 한다. 앞서 설명한 것처럼 최대 3줄을 넘지 않도록 작성한다. 심사위원이 헤드라인 메시지만 보고도 내용 파악이 될 수 있도록 해야 한다.

셋째, 본문이다. 헤드라인 메시지에 대한 설명, 근거, 참조 등의 내용으로 구성되며 'Z의 법칙'에 따라 작성한다. 본문에서는 글씨체(굴림, 고딕)와 크기(12포인트 이상), 레벨링, 도형과 도표를 이용한 도식화 등에 주의한다. 또한 주최 측이 기업이라면 해당 기업의 서체와 주요 색채들을 반영하여 작성하는 것이 좋다.

넷째, 로고이다. 슬라이드에 주최사의 이름인 로고를 넣는다. 만약 팀으로 발표하는 것이라면 주최사 로고(하단 좌측)와 발표팀 로고 혹은 팀명(하단 우측)을 넣도록 한다.

다섯째, 트래커Tracker이다. 전체 발표자료에서 현재 슬라이드가 어디에 위치하는지를 한눈에 파악할 수 있도록 이미지로 표현한다. 트래커는 주로 발표자료의 양이 많거나 목차가 다양할 경우에 활용한다.

여섯째, 페이지 번호이다. 각 페이지별로 페이지 번호를 표시한다. 전체 구성이 몇 페이지로 되어 있는지 쉽게 알 수 있고 심사위원이 특정 페이지의 내용을 질문할 때도 용이하다.

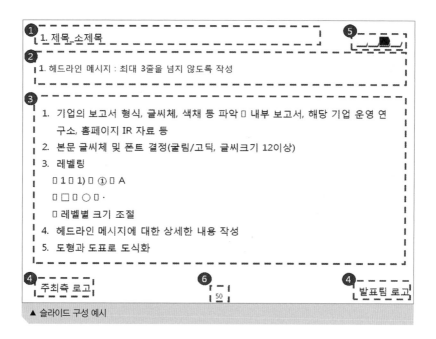

▲ 슬라이드 구성 예시

스티브잡스처럼 발표하기

❶ 시간을 철저히 지켜라

공모전 프레젠테이션에서 엄수해야 할 세 가지의 시간이 있다.

첫째, 공모전 발표자료 송부시간이다. 1차 서류심사에 통과한 2차 발표심사 대상자들은 주최 측으로부터 발표일 2~3일 전까지 발표자료를 송부하라는 요청을 받는다.

이때 발표자료 작성에 너무 많은 노력을 쏟느라 발표자료 제출마감일을 제때 맞추지 못하는 경우가 있다. 주최 측 담당자에게는 짜증나는 일이 아닐 수 없다. 주최 측을 짜증나게 해서 좋을 건 없지 않은가?

둘째, 공모전 발표장소 도착시간이다. 일반적으로 자신의 발표시간보다 30분 정도 일찍 도착하도록 안내를 받는다. 하지만 이보다 조금 더 일찍 도착하면 다양한 사전 정보를 얻을 수 있다.

발표장 구조와 분위기, 심사위원의 수를 비롯해서 먼저 발표한 사람들에게 용기를 내어 어떤 질문이 있었는지도 물어볼 수 있을 것이다.

가급적 발표 한 시간 전에는 발표장소에 도착해서 현장 분위기를 익히고 얻을 수 있는 정보를 얻도록 한다.

셋째, 공모전 발표시간이다. 발표자는 자신이 준비한 프레젠테이션을 모두 전달하고자 하는 욕심으로 정해진 발표시간을 초과하는 경우가 있다. 발표시간이 길어지면 심사위원들이 지루해지고 결론 부분에 이르러서는 제대로 듣지 않을 수 있다.

일부 공모전에서는 운영시간을 지키기 위해 정해진 시간이 되면 마이크를 끄는 경우도 있으므로 발표시간을 철저히 준수하도록 한다.

❷ 제2의 언어, 행동으로 발표하라

> 타고난 재능보다는 농담을 좋아하신 아버지와 가장 재밌는 청각장애의 큰 형이 있었기에 가능했던 일이다. 큰 형이 웃기면 가족들이 다 즐거워했다. 큰형 덕분에 온 가족이 수화를 할 줄 안다. 내 표정이 다양하고 손동작이 큰 것, 그리고 상대방을 배려하는 마음은 어쩌면 무의식적으로 큰형한테 배운 것일 수도 있다.
>
> 개그맨 신동엽 인터뷰

다양한 예능 프로그램 MC로 활약 중인 신동엽은 자신의 성공비결을 청각장애인 형 덕분이라고 했는데, 그만큼 표정과 손동작이 몸에 체화되었다는 것을 의미한다.

미국 UCLA 엘버트 머라비언Albert Mehrabian 교수의 연구에 따르면 커뮤니케이션에서 시선, 제스처, 손동작, 표정 등 비언어적인 행동이 전체 메시지의 55퍼센트를 차지하고 음성이나 어투가 38퍼센트, 실제로 언어가 차지하는 말의 내용은 7퍼센트밖에 되지 않는다고 한다.

공모전 프레젠테이션에서 중요한 비언어적인 행동들에 대해 하나씩 살펴보도록 하자.

첫째, 눈으로 말하기이다. 심사위원들과 눈을 마주치며 발표한다는 것은 쉬운 일이 아니다. 더구나 우호적인 시선이 아닌 경우는 더욱 어렵다. 하지만 심사위원을 향해 눈을 자연스럽게 마주치느냐 아니면 불필요한 공간을 바라보느냐에 따라, 신뢰감을 줄 수도 있고 반감과 불쾌감을 줄 수도 있다.

이러한 눈맞춤 방법은 한 번에 한 사람씩, 한 문장을 말하면서 바라보는 '1.1.1 원칙'을 지키는 것이 중요하다.

둘째, 제스처로 말하기이다. 제스처의 90퍼센트 이상을 차지하는 것이 손이다. '핸드 제스처hands gesture'는 손을 사용하여 말을 강조하는 방법이다. 발표하면서 손을 고정시키면 자신이 말하고자 하는 표현이 억제되고, 반복적이거나 너무 화려한 손 처리는 오히려 청중의 주의를 분산시킨다.

손동작을 할 때는 강조해야 할 부분에서는 벨트라인 위로 올려 과감하게 표현하고, 그렇지 않을 때는 바지 재봉선 라인에 고정시키는 것이 가장 좋다.

셋째, 표정으로 말하기이다. 인간의 얼굴에는 마흔세 개의 근육이 있어서 10,000개 이상의 표정을 만들어낼 수 있다고 한다.

미국심리학회에서 선정한 20세기 가장 영향력 있는 심리학자인 폴 에크만Paul Ekman의 연구에 따르면 인간은 여섯 가지 기본적 정서인 기쁨, 놀람, 공포, 슬픔, 분노, 혐오의 느낌을 표현하는 얼굴근육과 운동패턴인 표정이 존재한다고 한다.

발표자는 표정을 활용하여 미묘하고 구체적인 감정을 표현하여야 한다. 우선 기본적으로 미소를 짓고 메시지에 따라 진지하거나 격앙되거나 공감하는 등 다양한 표정으로 발표를 진행하여야 한다.

❸ 질의응답의 기본기를 익혀라

정해진 시간 안에 발표가 끝나면 심사위원들이 질문을 한다. 이 시간 동안 심사위원은 장점, 단점, 개선방향 등에 대해 코멘트를 하는데, 경험상 장점은 20퍼센트 정도이고 나머지 80퍼센트는 단점과 부족한 것에 대한 것들이다. 심사위원은 호의적이지 않다는 가정을 하고 발표에 임하는 것이 마음의 상처를 줄여줄 것이다.

일부 공모전은 심사위원들이 서류검토를 발표 전에 마치고 발표시간을 5분 내로 정한 후 나머지 시간을 질의응답으로 진행하는 곳도 있다. 얼마 전 참여한 경기도청의 「고령자복지플러스 아이디어 공모전」의 발표 심사에서는 아이디어를 1분 내외로 설명하고 약 15분의 질의응답 시간이 있었다.

프레젠테이션의 마무리인 질의응답을 다음처럼 준비해보자.

첫째, 예상 질문 리스트를 만든다. 발표 이전에 기획서와 발표자료를 보면서 객관적인 시각으로 질문거리를 직접 만들어본다. 이때 주변사람에게 피드백을 받았던 내용을 다시 정리하면서 예상 질문을 만들고 그에 대한 답변을 사전에 준비하는 것이 필요하다.

둘째, 질문을 최대한 집중해서 듣는다. 질문을 받는 동안 "우리는 두 개의 귀와 한 개의 입을 가졌다. 이는 두 배로 열심히 들으라는 의미이다."라고 말한 고대 로마 철학자 에픽테토스Epictetus의 격언을 상기해야 한다. 질문을 한 심사위원에게 시선을 맞추고 종종 고개도 끄덕이면서 적극적으로 경청하도록 한다.

셋째, 질문을 파악하고 요약하라. 심사위원이 질문한 내용이 추가적인 정보습득, 분명하지 않은 부분에 대한 확인, 심사위원의 전문성 자랑, 단순 제안과 의견 등 질문의 의도를 명확히 파악하도록 한다.

혹시나 질문의 요지를 파악하지 못했다면 "다시 한 번 질문해주시겠습니까?" 혹은 "지금 하신 질문이 이러이러한 내용이 맞습니까?"라고 되짚을 필요가 있다.

넷째, 칭찬과 간결함으로 답변한다. 답변에 앞서 우선 질문의 내용을 칭찬하고 인정함으로써 심사위원의 전문성을 드높여줄 필요가 있다. 예를 들어 "네. 정확하게 문제점을 지적해주셨습니다", "지적하신 부분이 저 역시 부족하다고 생각하고 있었습니다" 등의 접대성 멘트를 활용하도록 한다.

답변은 최대한 간결하게 한다. 〈햄릿〉에 등장하는 왕실의 조언자 폴로니어스는 "간결함은 지혜의 핵심이다"라고 말했다. 답변은 한 문장에서 한 문단 정도로, 또는 중요한 부분을 강조하고 요약하여 간결하게 답하도록 한다.

마지막으로 모르면 모른다고 해라. 답변하기가 어려운 질문을 받으면 부정확한 답변으로 순간을 모면하려는 경우가 있다. 그러나 여러 명의 심사위원이 있기 때문에 잘못된 답변이라는 것을 금방 들통이 날 수 있다.

모르는 질문에 대해서는 아직 검토하지 못했다거나 전문 분야가 아니라서 답변이 어렵다고 솔직하고 말하고 추후에 기회를 주시면 별도로 답변을 드리겠다고 적극적으로 마무리하는 것이 최선이다.

펜과 수첩의 적절한 활용법

<뉴욕타임스>의 제프 제럴니 기자는 백악관 기자간담회에서 오바마에게 이렇게 질문했다. "대통령에 당선된 후 처음 100일 동안 백악관에서 일하며 가장 놀라웠던 것, 가장 황홀했던 일, 가장 굴욕적인 사건, 가장 난처했던 일을 이야기해 주십시오."
오바마 대통령은 즉시 재킷 안주머니에서 펜을 꺼내며 "좀 적을게요"라고 말했고 그곳에 모인 기자들은 웃음을 터뜨렸다.

제리 와이즈먼, 『프리젠테이션 마스터』

질문이 여러 개이거나 복잡할 경우 수첩에 메모를 하면 심사위원에게 되물을 필요 없이 정리된 답변을 할 수 있다. 또한 심사위원의 질문을 수첩에 열심히 적고 있는 모습을 보임으로써 진지하게 받아들이고 있다는 느낌을 줄 수 있고 긍정적인 평가에 도움이 된다.

Stage 10

최종 검토를 잘해야
진정한 완성

고치고 또 고치고 또 고쳐라

기획서를 완성하고 나면 지쳐서 그냥 제출해버리고 싶다. 준비한 기간이 길면 길수록 완성된(정확하게는 완성했다고 생각하는) 기획서를 다시 또 본다는 것은 고역일 것이다. 하지만 퇴고의 절차를 거치지 않는다면 그간의 노력이 수포가 될 수도 있음을 알아야 한다.

소설가 헤밍웨이[Ernest Hemingway]는 "모든 초고는 걸레다!"라는 과격한 표현을 통해 퇴고의 중요성을 강조했다. 세계적인 동화 작가 엘윈 브룩스 화이트[E. B. White]도 "위대한 글쓰기는 존재하지 않는다. 오직 위대한 고쳐쓰기만 존재할 뿐이다"라고 말했다.

이러한 세계적인 작가들은 수십 번에서 수백 번의 퇴고를 거쳐 원고의 완성도를 높이는 작업을 수행한다.

그 정도 수준까지 따라갈 수는 없겠지만 최소 3~5번의 퇴고를 해야 진정한 공모전 기획서가 완성되는 것이다. 다음 단락에서 퇴고를 위한 교정과 교열에 대해 자세히 알아보도록 하자.

명품정장을 멋지게 차려입은 신사가 있다. 그런데 양복바지 엉덩이 부분 한가운데 구멍이 나 있다면? 그 신사가 식당에 가서 신발을 벗었는데 양말 엄지발가락에 구멍이 뚫려 있다면? 여러분은 어떤 생각이 들겠는가? 명품정장을 무색하게 하는 요소로 보일 것이다.

여러분이 작성한 기획서도 마찬가지이다. 아무리 좋은 아이디어, 체계적인 기획으로 포장되어 있어도 본문에 오탈자가 보이는 순간 전문성은 떨어지고 성실성도 의심케 한다. 사소한 실수를 줄이고 부족한 부분을 보완하기 위해 퇴고단계에서는 교정과 교열을 한다.

교정은 오탈자를 찾아 고치는 작업이며 교열은 내용이 잘못되었거나 미비한 곳을 찾아내어 고치거나 보완하는 작업이다.

교정과 교열은 다음의 네 가지 영역을 중심으로 수행한다.

❶ 문서

- 전체 구조는 적절한가?
- 목적과 목표는 명확한가?

- 서론-본론-결론의 틀은 구조화되어 있는가?
- 단락간의 구분과 연계는 적절한가?

❷ 문장

- 이해하기 용이한가?
- 주어와 서술어가 명확한가?
- 축약하거나 생략할 문장은 없는가?

❸ 단어

- 용어 사용이 정확한가?
- 글자가 틀린 것은 없는가?
- 애매한 단어나 오탈자는 없는가?
- 조사 사용이나 띄어쓰기는 적절한가?

❹ 기타

- 기호/숫자/수식 단위는 정확한가?
- 출처와 인용은 명확히 밝혔는가?
- 도형이나 도식화에서 잘못 그려진 것은 없는가?

제출하기

마침내 긴 과정을 거쳐 작성한 기획서를 제출하는 단계에 이르렀다. 가장 흐뭇하면서도 중요한 순간임에도 불구하고 간혹 이 단계에서 실수를 저질러서 그간의 노력이 물거품이 되는 상황이 종종 발생한다.

이메일 접수 시에는 반드시 접수확인에 대한 회신을 요구하도록 한다. 스팸메일로 분류되거나 메일주소를 잘못 적어 보내 접수가 안 되는 경우가 있을 수 있기 때문이다. 간혹 공모전 담당자가 바쁘거나 접수량이 많아 일일이 회신메일을 주지 못할 수도 있으므로 전화를 해서라도 반드시 접수를 확인해야 한다.

공모전 전용 게시판이나 홈페이지에 업로드를 하는 경우에는 접수마감 시간에 접속자가 몰리면서 시스템 오류가 발생할 수도 있으므로 여유를 두고 접수를 하도록 한다.

우편접수 시에는 접수마감일까지 도착해야 하는 것인지 마감일 소인이 찍히면 되는 것인지도 확인해야 한다.

마감일이 하루 지나버렸다고 포기하지 말자. 담당자에게 간절히 부탁하면 접수를 받아주는 공모전도 있다.

요구할 건 요구하라

주최 측에서 진행하는 사항들을 무조건 따라야 하는 법은 없다. 궁금한 것은 물어보고 불합리한 것은 개선을 적극적으로 요구하도록 한다. 공모전 참가자는 본인이 누구인지 밝혀지면 평가에 악영향이 있을까 싶어 주최 측의 잘못에도 적절한 요구를 하지 못할 때가 많다.

가장 많이 발생하는 일이 주최 측이 일정을 제대로 지키지 않는 것이다. 공고문에 정해진 심사결과 발표일이 한참 지나도록 공지를 통해 알려주지도 않는다. 발표일에 해당 홈페이지를 수십 번씩 들어가 보는 참가자들 입장에서는 답답할 뿐이다.

이외에도 공모전 Q&A 게시판을 만들어놓고는 질문에 대한 답을 해주지 않는 경우도 있다. 시정을 요구하는 것은 참가자의 정당한 권리이므로 담당자에게 전화를 걸어 현황을 파악하도록 한다.

간혹 공모전 상금에 제세공과금 22퍼센트를 떼고 지급하는 곳이 있는데 이는 상금의 약 1/5에 해당하는 엄청난 금액이다. 하지만 순위에 의해 상과 상금을 정하는 공모전은 필요경비 80퍼센트를 인정하고 나머지 20퍼센트에 대해서만 소득을 적용하기 때문에 제세공과금은 4.4퍼센트를 원천징수하는 것이 맞다. 혹시나 잘못된 세금처리가 이뤄진다면 이 또한 주최 측에 시정을 요구해야 한다.

또한 불합리한 사항에 대해 개별적으로 요구를 해도 개선이 이루어지지지 않는 경우에는 공모전 홈페이지의 게시판 등을 통한 공개적인 의견 제시와 공감대 형성을 하는 것도 방법이다.

CHAPTER
4

공모전 다시보기
- 정리편 -

公모전 기획서를 제출했다고 해서 가만히 결과 발표만 기다리고 있을 수만은 없다. 좀 더 나은 기획서로 다음 공모전에서의 입상 가능성을 높이기 위해서는 피드백과 후기작성을 통해 공모전 기획서의 후속 검토와 지속 검토를 수행해야 한다.

지속 검토fellow-through는 충분한 성과에 도달할 때까지 어떤 목적이나 프로젝트를 수행하는 것을 일컫는다. 모든 사람이 후속 검토fellow-up가 중요하다는 데 동의하겠지만, 후속 검토를 좋아할 사람은 거의 없다. 후속 검토는 목표에 도달했는지를 확인하는 반면에, 지속 검토는 이니셔티브가 현실에서 효과를 발휘할 때까지 앞으로 무엇을 할지에 관심을 둔다. 지속 검토가 없는 후속 검토는 제한적으로만 쓸모가 있을 뿐 오히려 실망감을 가져다줄 수도 있다.

사비에르 길버트 외, 『성공하는 프로젝트는 실행이 다르다』

01

피드백을
절실히 요구하라

자신이 제출한 기획서의 피드백을 받을 수 있는 대표적인 방법은 주최 측의 수상작에 대한 심사평을 참조하는 것이다.

결과 발표일이 되면 홈페이지 게시판을 통해 몇 건이 접수되었고 어떤 심사기준으로 평가하였고 그 결과 어떤 기획서들이 수상작으로 선정되었다는 간략한 내용만을 게시하는 경우가 대부분이다.

하지만 일부 공모전에서는 수상작에 대한 상세한 심사평을 제공하기도 하므로 해당 피드백 내용을 참조하도록 한다.

「제10회 Term—Paper 현상 공모전」 수상작 심사총평

제10회 Term—Paper 현상 공모전,은 '한국경제, 새로운 게임의 법칙'이라는 주제하에 일반 부문과 학생 부문으로 나눠 수준 높은 다양한 아이디어들이 제시됐다.

한국경제의 양극화 해소 방안, 금융의 사회적 책임과 개선 방향, 영세 소상인 보호의 실효적 방안, 법조시장 개방에 따른 로펌시장의 변화와 대응 등 한국 경제가 직면하고 있는 다양한 문제들에 대하여 독창적 해결 방안을 제안한 것은 물론 조금만 다듬으면 정책당국에서도 참고할 만한 실현 가능한 대안을 제시한 논문이 많이 보였다. 가능하다면 오는 12월 대선을 앞둔 대선주자들에게도 정책수립에 참고할 수 있도록 권하고 싶을 정도다.

이 공모전에 대한 심사는 최대한의 공정성을 기하기 위해 3차로 나누어 진행됐다. 파이낸셜뉴스 연구진에 의한 1차 심사에서 학생 부문 16편, 일반 부문 8편을 먼저 선발한 후 이들을 대상으로 국내 유수의 전문가들로 구성된 심사위원회에서 논리성, 실현가능성, 구체적 방안 제시(독창성) 등을 기준으로 익명으로 2, 3차 심사를 진행한 끝에 총 9편의 수상작을 선발했다.

지식경제부장관상(대상)은 일반 부문으로 응모한 한양대학교 경영대학원생 임인종, 한상욱 공동연구인 《사회적 벤처 클러스터를 통한 사회양극화 해결 방안》이 차지했다. 이 논문은 사회양극화 해결 방안의 하나로서 기존의 산업클러스터 개념을 차용한 사회적 벤처 클러스터 개념을 제시한 점이 높은 평가를 받았다. 저자들의 연구는 우리 사회의 가장 큰 현안인 양극화 해소를 위해 역시 최근 많은 관심을 모으고 있는 사회적 기업을 클러스터 형태로 구축함으로써 최적의 비용으로 최적의 효과를 낼 수 있도록 실천 가능한 방안을 제시했다.

출처 : 파이낸셜 뉴스(2012.11.05.)

물론 위 사례처럼 상을 받은 경우에는 피드백을 받을 수 있다. 그렇지만 상을 받지 못하면 오히려 피드백이 절실함에도 불구하고 피드백을 받기가 쉽지 않다.

하지만 일부 공모전에서는 입상하지 못해도 상세한 피드백을 제공하므로 아이디어의 부족한 부분이나 개선해야 할 사항들을 파악할 수 있다. 특히 앞서 언급했던 국민신문고에서는 해당 사이트를 통해 제출한 공모전에 대해 담당자의 상세한 코멘트가 제공된다.

▲ 떨어진 기획서에 대한 피드백 예시(국민신문고)

02

자신만의
실패박물관을 지어라

> 실패한 CEO들은 심지어 외부환경과 시장변화에 대한 충분한 정
> 보를 가졌음에도 과거 성공 방식에 안주하며 이를 무시해버리거나
> 아무런 행동도 취하지 않아 실패한 경우가 많다.
>
> 시드니 핑켈스타인, 『실패에서 배우는 성공의 법칙』

위 문장의 의미를 재해석한다면 무지하거나 능력이 부족하거나 정보
가 부족해서가 아니라 과거의 성공 방정식을 반복적으로 답습하고 개선
하려는 행동과 변화를 하지 않아서 실패한다는 말이다.

미국 미시간 주 앤아버 시에는 뉴 프로덕트 윅스New Prodcut Works가 설립

한 '실패박물관'이 있다. 이곳에는 시장에 출시했다가 실패한 전 세계 제품 7만 여 점이 전시되어 있다. 비싼 입장료에도 실패에서 교훈을 얻고자 하는 사람들의 방문이 끊이지 않는다.

또한 '동양의 유태인'이라 불릴 정도로 상술의 귀재인 온주상인들은 실패에 대해 다음과 같은 태도를 지녔기에 성공할 수 있었다.

첫째, 어떤 일이 잘못되었을 때 남의 탓으로 돌리지 않는다. 냉정하고 성실하게 검토하고 주변 여건과 환경을 살핀 다음, 새로운 사업의 가능성을 타진한다.

둘째, 실패의 원인을 분석하고 교훈을 얻는 lessoned learn을 통해 새로운 계획을 세운다.

셋째, 새로운 사업을 시작하기 전에 자신의 능력이나 성향을 파악하고 과거의 경험에서 긍정적 부분은 강화하고 부정적 부분은 제거한다.

넷째, 자신감을 상쇄시키는 과거의 실패 기억은 완전히 잊어버린다.

이처럼 실패에 대한 중요성은 공모전에서도 마찬가지로 강조된다. 비록 떨어진 기획서도 실패 이유를 분석하고 개선방안을 고민하면 다음 공모전이나 유사 공모전에서 수상할 수 있는 확률이 높아진다.

떨어졌다고 그냥 컴퓨터에 저장해놓으면 저장용량만 차지하는 일개 파일이지만 개선사항을 반영하여 수정한 작품은 다음 공모전의 실탄이 된다. 때문에 공모전 종료 후에는 수상 여부와 무관하게 후기를 작성하는 것이 필요하다. 자신이 선택받을 수 있었던 이유를 분석하면 다음에 또 수상할 수 있는 포인트가 되기 때문이다.

자신이 제출했던 공모전의 결과 발표일에는 입상한 경우엔 성공요인을, 떨어진 경우엔 실패요인을 각각 분석한 다음 후기를 작성하여 지속적으로 기획서를 업데이트하도록 한다.

나오며

최근 직장인들에게 투잡은 기본 옵션과도 같다. 직장생활을 하는 사람이라면 누구나 금전적인 이유이든 회사에서 채우지 못하는 성취감을 위해서든 투잡을 고민해보았을 것이다. 주변에서 투잡으로 성공했다는 얘기라도 들으면 그 고민이 더 커지기도 한다.

하지만 여러 가지 여건에 가로막혀 생각만큼 쉽게 실행에 옮기기는 어렵다. 퇴근 후 회식, 모임 등으로 나만의 시간을 가질 여유가 없고, 피로 누적과 적잖은 스트레스도 우리의 발목을 잡는다. 게다가 다니고 있는 회사에 알려지기라도 한다면 직무태만 등 뒷말이 나올지도 모른다는 우려도 투잡의 실행을 망설이게 한다. 어느 정도 사회적 지위가 보장된 직장인이라면 더더욱 그럴 것이다. 필자 역시 직장생활을 하면서 그런 고민들로 머릿속이 가득했다. 그래서 얻은 결론이 공모전인 것이다.

남의 시선을 중요시 여기는 특유의 사회 분위기 때문에 학생 때나 하던 알바 개념의 일은 할 수가 없다. 그런 점에서 공모전은 학구적이고 공적일 뿐 아니라, 누군가에게는 동경의 대상이기도 하다. 또한 열심히 준비한 것에 비해 결과가 좋지 않더라도 단발성으로 소모되는 노력이 아니다. 회사업무에서 관련 내용이 도움이 될 수도 있고, 공모전에 참가했다는 사실만으로도 경력에 조금이나마 좋은 영향을 미칠 수도 있다. 얻는 것은 많고 잃는 것은 적은 것이 공모전 투잡의 장점이다.

수백 개의 공모전에 도전하면서 많은 상금을 모았고 성공적인 이직과 인맥형성 등 다양한 혜택도 누렸다. 기존 공모전 서적들이 지나치게 높은 목표설정이나 다소 비현실적인 내용들을 다뤘다면, 본 책에서는 공모전을 통해 재테크와 경력테크가 가능했던 경험을 토대로 최대한 현실적이고 실현 가능한 구체적인 내용들을 담고자 했다. 그렇지만 이 책은 공모전에서 어떻게 하면 상금을 받을 수 있는지에 대해서만 이야기하고 있는 것은 아니다. 다양한 정보 검색, 팀워크, 창의적 아이디어 발상, 기획서 작성, 자료조사 등을 하면서 손에 쥘 수 있는 물질적인 이익 외에 지적재산역시 많이 쌓을 수 있다는 사실을 알아주었으면 한다. 매일같이 힘든 업무를 하면서도 자기계발을 해야 하는 직장인들에게 새로운 활력소가 될 것이다.

> ❝ 당신이 무언가를 간절히 원한다면 온 우주가 당신의 소망이 이뤄지도록 도와줄 것이다.
>
> 파울루 코엘류, 『연금술사』 ❞

부디 많은 직장인들이 빡빡한 회사생활 속에서도 자신이 원하는 바를 이루는 데 이 책이 한 줄기 희망의 빛이 되어주길 바라며 글을 마치도록 한다.

부 록

슈퍼컴퓨터 활용 아이디어 공모전 최우수상

(제목 : 치매환자를 위한 BCI 연계 빅데이터 콘텐츠 생성 기술)

☑ 아이디어 기획안

1. 현황 및 문제점

❖ **치매환자의 지속적 증가와 사회적 비용 발생**

- 국내 치매환자수(〈치매환자 현황〉 보건복지부, 2013): 42만1천명('08) → 44만5천명('09) → 46만 9천명('10) → 50만4천명('11) → 53만 4천명('12) → 100만명('20)
- 국내 치매유병율(〈전국치매유병율조사〉 2013): 8.4%('08) → 8.6%('09) → 8.8%('10)→ 8.9%('11) → 9.1%('12), 노인 4명 중 1명이 치매고위험군에 해당
- 치매와 관련한 진료 건은 약 31만 건으로 연간 진료비만 9천 993억 원이 소요(국민건강보험공단, 2012)
- 치매환자 가족의 부담이 커지고 급기야 치매에 걸린 부모를 살해하는 사건도 발생

❖ **기존 치매 치료법 한계를 극복할 새로운 치료법 필요**

- 수명의 연장과 더불어 증가하는 치매는 아직 뚜렷한 예방과 치료법이 없는 실정
- 치매의 71.3%를 차지하는 알츠하이머 치매에 아리셉트, 레미닐, 엑셀론 등이 사용되고 있으나 부작용(두통, 메스꺼움 등)과 신체적 기능이 약한 노인에게 적용이 어려워 효과를 보기 어려움
- 때문에 약물치료가 아닌 음악치료, 예술치료, 행동치료, 회상치료 등 다양한 치료 방법이 사용되고 있음
- 회상치료는 잊었던 개인적인 옛날의 경험, 감정, 자기개념, 의식적 기억을 불러일으켜서 과거에 경험한 개인적인 사건에 대한 감정을 다시 느끼고 통합하는 치료법
  ※ 치매환자에게 사진, 음식, 음악, 물건들을 이용해 이야기 형식의 회상치료를 시행하여 사회적인 행동 기술에 향상을 보임(Wang et al, 2009)
  ※ 요양원에 있는 치매노인에게 사진을 통한 회상치료는 기분이 좋아져 우울증이 감소하고 사람 사이에 의사소통의 향상을 보임(Haight, Gibson & Michel, 2006)

❖ **BCI(Brain Computer Interface) 기술을 활용한 뇌기능 측정 · 치료 연구 증대**

- 병원에서 치매, 주의력결핍 과잉행동장애 등의 예방과 치료 프로그램에 BCI 사용 사례 증가
- 예를 들어, 치매 환자의 뇌파에서 알파파와 베타파가 정상인에 비해 더 낮은 파형을 보이는 반면 세타파는 더 높은 파형을 보임

❖ **스마트 혁명과 더불어 세계적으로 생성 · 유통되는 데이터 양이 기하급수적으로 증가**

- IDC(2012)에 따르면 전 세계 데이터 양은 2005년 130EB에서 2020년 40,000EB로 300배 이상 증가할 것으로 전망

2. 아이디어의 주요 내용

❖ **아이디어 개요**

- 치매환자에게 빅데이터 기반으로 개인의 과거와 관련된 특별한 사람, 장소, 사건, 느낌 등이 담긴 회상물(사진, 영상, 이미지 등)을 보여주면서 BCI(Brain Computer Interface)를 활용하여 뇌파를 측정하고 긍정적 강화가 발생하는 회상물을 활용한 콘텐츠를 제작하여 치매치료에 활용

❖ 개요도

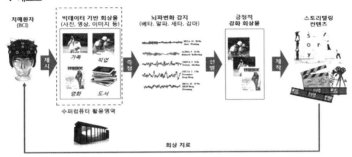

❖ 서비스 프로세스
- BCI를 통한 치매환자의 뇌파 측정(비침습적 방식)
- 슈퍼컴퓨터에서는 환자와 관련된 다양한 정형/비정형의 빅데이터를 수집 및 정제하여 회상물 Pool을 구성
- 빅데이터 기반의 회상물 Pool을 활용하여 환자의 과거와 관련된 사람, 장소, 사건, 느낌 등이 담긴 회상물 제시
- 특정 회상물에 대한 뇌파변화를 감지하고 해당 회상물을 선별하여 회상물 Pool에 별도로 저장
  ※ 긍정적 강화가 있을 경우, 알파파와 베타파가 일반인의 수준으로 향상될 것으로 예상
- 회상물 Pool에 저장된 긍정적 강화 회상물에 스토리텔링 기법을 적용하여 치매환자만의 콘텐츠를 제작
- 해당 콘텐츠를 치매환자에게 지속적으로 제공, 회상치료 도구로 활용

---

3. 아이디어의 실현 방법 및 활용 방안

① 제품화 방안

❖ 개발 필요 기술
- (치매환자용 BCI) 현재 개발된 BCI 기술에 치매환자의 뇌파를 정밀하게 감지할 수 있는 기능을 추가 개발. 특히 제시된 회상물에 반응하여 변화하는 뇌파의 변동폭을 감지할 수 있는 기능 필요
- (회상물 Pool Solution) 슈퍼컴퓨터를 활용하여 빅데이터 기반의 사진, 영상, 이미지 등 다양한 콘텐츠를 저장하고 BCI에서 측정된 뇌파 중 일정 수준이 넘는 신호가 감지되는 콘텐츠를 자동적으로 선별하여 별도 저장하는 기능을 갖춘 SW
- (스토리텔링 콘텐츠 제작 S/W) 회상물 중 치매환자의 뇌파(알파, 베타)가 정상인에 가까워지는 긍

정적 강화 회상물을 소재로 개인만의 스토리가 있는 멀티미디어 콘텐츠를 제작할 수 있는 S/W

❖ **기술개발 방향**

- (전문가 의견수렴) 의사, 엔지니어, 사회복지사, SW 공학자 등 본 아이디어를 구현하는 데 필요한 다양한 전문가들의 의견을 수렴하여 기술개발 수행
- (기술과 콘텐츠 연계 방안 수립) BCI, 빅데이터, 콘텐츠 Pool Solution, 콘텐츠 제작 SW 등의 기술적 요소와 스토리텔링 방식을 활용한 콘텐츠 간의 연계 방안 수립
- (관련 정부 R&D 활용) 〈창조경제 실현을 위한 미래부 BT 분야 투자 전략〉 중 뇌 연구 분야의 R&D 과제 참여

② 사업화 방안

❖ **연구원–병원–기업 간 협력을 통한 기술사업화**

- BCI 기술, 슈퍼컴퓨팅, 빅데이터 기술을 보유한 연구원에서 기술 이전 or 수탁 과제를 통해 관련 기업과 제품화를 하여 치매치료를 수행하는 병원에 납품

❖ **참여자별 Role&Responsible 확립**

- 환자에게 회상물을 제시하고 BCI 측정하는 일련의 과정은 많은 시간이 소요되므로 전반적인 검사는 비의료인이 하고 인건비가 높은 의사는 관리감독 역할 수행

❖ **관련 기관의 적극적인 참여와 홍보**

- 치매와 직접적으로 관련된 보건복지부, 질병본부 등은 물론 지자체, 일정 규모의 병원, 노인치매병원, 슈퍼컴퓨터 보유기관 등 다양한 이해관계자들을 참여시키고 적극적으로 대외적인 홍보 수행

4. 기대효과

❖ **치매의 효과적 치료방법으로 치매인구 감소**

- 약물과 달리 부작용이 없는 치료법으로 손쉽게 적용이 가능하여 치매환자들의 치료에 광범위하게 활용 가능

❖ **치매환자로 인한 사회적 비용 감소**

- 치매환자 의료비, 치매가족의 부담, 가족 간 불화 등 치매로 발생하는 다양한 사회적 문제를 해결하여 사회적 비용을 줄일 것으로 예상

❖ **슈퍼컴퓨터의 활용도 증대**

- 빅데이터를 수집 및 처리하는 데 있어 슈퍼컴퓨터가 활용되므로 향후 다양한 영역에 적용이 가능

❖ **BCI 기술의 진보 및 새로운 서비스 출현**

- 치매를 전문적으로 측정하기 위한 BCI 기술이 개발되어 BCI 기술 자체뿐만 아니라 다양한 분야에 접목되어 새로운 서비스들이 응용될 수 있음

❖ **관련 기업들의 성장**

- BCI, 의료기기, 빅데이터, 콘텐츠 제작 등 관련 기업들이 매출 증대가 예상

☑ 프레젠테이션 자료

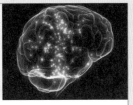

- 아름다운 시절의 기억에의 소고 -

치매환자를 위한 BCI(Brain Computer Interface)연계 빅데이터 콘텐츠 생성기술

임인종·한용복

2014.10.06

KISTI 한국과학기술정보연구원

0

Contents

1. 아이디어 개요

2. 현황 및 문제점

3. 구현 및 운영방안

4. 기대효과

KISTI 한국과학기술정보연구원

1

1. 아이디어 개요

슈퍼컴퓨터를 활용하여 치매환자에게 빅데이터 기반의 정형&비정형 데이터를 제시하고 BCI(Brain Computer Interface)를 통해 실시간 뇌파 측정 후 개인 회상물을 콘텐츠로 제작하여 치료에 활용

[아이디어 개요도]

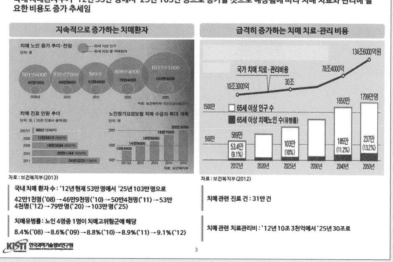

2. 현황 및 문제점 (1)

국내 치매환자수가 '12년 53만 명에서 '25년 103만 명으로 증가할 것으로 예상됨에 따라 치매 치료와 관리에 필요한 비용도 증가 추세임

지속적으로 증가하는 치매환자

자료 : 보건복지부(2013)

국내 치매 환자 수 : '12년 현재 53만 명에서 '25년 103만 명으로
42만1천명('08)→46만9천명('10)→50만4천명('11)→53만4천명('12)→79만명('20)→103만명('25)

치매유병률 : 노인 4명중 1명이 치매고위험군에 해당
8.4%('08)→8.6%('09)→8.8%('10)→8.9%('11)→9.1%('12)

급격히 증가하는 치매 치료·관리 비용

자료 : 보건복지부(2012)

치매 관련 진료 건 : 31만 건

치매 관련 치료관리비 : '12년 10조 3천억에서 '25년 30조로

2. 현황 및 문제점(2)

기존 치료치매제가 두통, 메스꺼움 등의 부작용이 있어 회상치료, 노래치료, 도예치료 등 새로운 형태의 치매치료 법의 필요성이 제기되고 있음

기존 치료치매제의 부작용 존재	새로운 치매치료법 필요성 대두

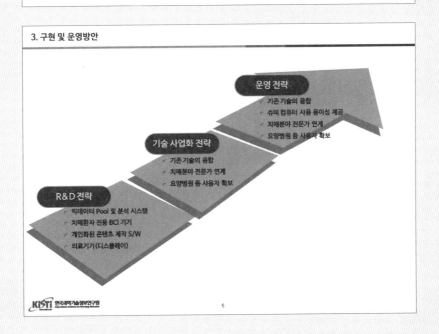

두통

메스꺼움

'회상치료는 잊혔던 개인적인 옛날의 경험, 감정, 자기개념, 의식적 기억을 불러일으켜서 과거에 경험한 개인적 사건에 대한 감정을 다시 느끼고 통합하는 치료법'

회상치료

노래치료

도예치료

치매 치료제의 급속한 성장 : 500억원('07년) → 720억원('09년)

현재 사용중인 치매 치료제는 부작용(두통, 메스꺼움 등)과 신체적 기능이 약한 노인에 적용이 어려워 효과를 보기 어려움

치매환자에게 사진, 음식, 음악, 물건들을 이용해 이야기 형식의 회상치료를 시행하여 사회적인 행동기술에 향상을 보임(Wang et al., 2009)

요양원에 있는 치매노인에게 사진을 통한 회상치료는 기분이 좋아져 우울증이 감소하고 사람 사이에 의사소통의 향상을 보임(Haight, Gibson & Michel, 2006)

4

3. 구현 및 운영방안

운영 전략
- 기존 기술의 융합
- 슈퍼 컴퓨터 사용 용이성 제공
- 치매분야 전문가 연계
- 요양병원 등 사용자 확보

기술 사업화 전략
- 기존 기술의 융합
- 치매분야 전문가 연계
- 요양병원 등 사용자 확보

R&D 전략
- 빅데이터 Pool 및 분석 시스템
- 치매환자 전용 BCI 기기
- 개인화된 콘텐츠 제작 S/W
- 의료기기(디스플레이)

KISTI 한국과학기술정보연구원

5

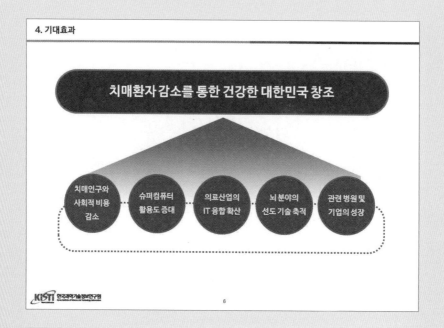

여름 전력난 이겨내기 아이디어 공모전 우수상

(제목 : 에너지 오디션을 통한 전력난 해소방안)

☑ 아이디어 기획안

(사)한국여성과학기술단체총연합회

① 아이디어 개요

❖ 기업, 공공기관 등 전력공룡*이 참여하는 「에너지 오디션」을 개최하여 경연 방식으로 승자를 선정하고 보상을 제공함으로서 에너지 절약에 대한 전 국민적 관심과 자발적 참여를 유도

• 전력사용량이 많은 코엑스, 롯데월드, 인천공항, 용인에버랜드 등 전력 대용량 소비자를 지칭

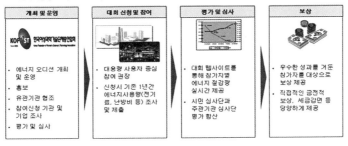

개최 및 운영	대회 신청 및 참여	평가 및 심사	보상
• 에너지 오디션 개최 및 운영 • 홍보 • 유관기관 협조 • 참여신청 기관 및 기업 조사 • 평가 및 심사	• 대용량 사용자 중심 참여 권장 • 신청시 기존 1년간 에너지사용량(전기료, 난방비 등) 조사 및 제출	• 대회 웹사이트를 통해 참가자별 에너지 절감량 실시간 제공 • 시민 심사단과 주관기관 심사단 평가 합산	• 우수한 성과를 거둔 참가자를 대상으로 보상 제공 • 직접적인 금전적 보상, 세금감면 등 당양하게 제공

② 배경

❖ 전력수요 급증으로 인한 동·하계 전력난 반복적 발생

• '13년 하계에는 피크 기간 수요가 공급을 초과하여 예비력이 마이너스 198만kW까지 하락하는 초유의 상황 예상

< '08~'12년 하계 최대 수요·공급 능력 추이 >

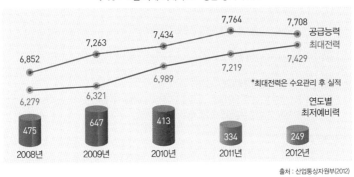

공급능력
최대전력

7,708
7,764
7,434
7,263
6,852

6,279
6,321
6,989
7,219
7,429

*최대전력은 수요관리 후 실적

연도별
최저예비력

2008년	2009년	2010년	2011년	2012년
475	647	413	334	249

출처 : 산업통상자원부(2012)

❖ **전력 불안으로 인한 사회 혼란과 경제적 손실 우려**

- 전력수요 피크 기간 동안에 예상치 못한 발전소 정지, 이상기온 등이 발생할 경우 전국적 규모의 대정전이 발생할 우려
- 이러한 대규모 정전은 정상적인 생활이 불가능할 정도로 사회 시스템을 마비시키고 엄청난 사회적 혼란을 초래
- 정전 사고는 생산 차질을 발생시켜 산업 및 국가경제에 부정적인 영향을 초래
- 특히 한국의 주력 산업인 반도체, 철강, 석유화학 등의 연속 공정 장치산업은 정전 이후 설비 복부에 장기간 소요
- 전력불안은 기업경쟁력 약화, 투자환경 악화 등 산업성장의 걸림돌

❖ **규제 중심의 정부 에너지절약 대책**

- 정부의 에너지절약 대책은 오후시간 냉방전력 낭비 제한, 공공기관의 에너지절약 선도 등 에너지 사용 제한과 규제에 중심
- 자발적이고 구성원들이 즐겁게 참여할 수 있는 캠페인 필요

❖ **각종 오디션(경연) 프로그램의 전 국민적 인기**

- 슈퍼스타 K, 나는 가수다, 위대한 탄생, TOP 밴드 등 각종 오디션(경연) 프로그램이 사회적으로 선풍적 인기를 끄는 것에서 아이디어 착안
- 오디션의 경쟁적 결정방식이 예능뿐만 아니라 에너지 절약과 같은 공익캠페인에도 적용되는 효과

③ 운영 방안

❖ **운영기관 및 역할**

- 본 대회의 전반적인 운영은 한국여성과학기술단체총연합회 혹은 그에 준하는 공공성격이 강한 기관이 주관토록 하되 대외 인지도를 고려하여 산업통상자원부의 후원을 받도록 함
- 정부 부처, 지자체, 유관 기관 등과의 협력을 통해 전력 대용량 소비자인 기업 및 기관을 대상으로 대대적인 홍보 수행
- 참여 기업(기관)에서 제출한 신청 내역에 대해 서류심사뿐 아니라 현장방문을 통해 대회의 신뢰성을 확보
- 참여 기업(기관)이 많으면 많을수록 대회의 성과가 높아지는 만큼 유관 기관과 긴밀히 협조

❖ **관련 오디션 프로그램 벤치마킹**

- 홍보, 심사단 모집 및 운영, 평가방식 등 민간관점에서 기획을 하여 국민들의 관심과 호응을 유도
- 벤치마킹을 통해 도출한 성공요인 등을 대회 전반에 반영

❖ **참여 기업(기관) 모집**

- 한국전력에 대용량 소비자 리스트 요청 후 해당 기업(기관)에 참여협조 요청 공문 발송

※ 여름철의 경우 냉방수요는 사무실·상가(45%) > 산업(31%) > 가정(24%) 순이므로 소비량이 많은 기업(기관)을 주 참여 대상으로 선정

❖ **개최시기**
- 전력수요는 계절별, 시간대별 변동성이 높으므로 전력수요량이 많은 7~8월에 개최

< 월별 전력수요 패턴 >

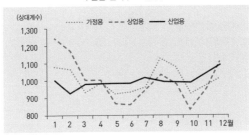

주 : 상대계수는 평균 전력수요(평균=1,000) 대비 해당 시점의 상대적 전력수요를 의미
출처 : 전력거래소, 전력통계정보시스템(2009)

❖ **평가 및 심사**
- 평가기준 : 전력에너지 절감량, 참여도, 노력 등을 기준으로 평가
- 평가단 구성 : 일반 국민으로 구성된 국민 평가단과 관련 분야 전문가로 구성된 전문가 평가단
- 심사 방식 : 국민 평가단의 경우 온라인 투표와 문자 투표를 평가하고, 전문가 평가단의 경우 구체적 자료와 실사 등을 통해 평가

❖ **보상**
- 우승을 거둔 기업(기관)에게는 전기료 감면, 법인세 감면 등 혜택 제공
- 동참한 직원들에게 실질적 혜택을 줄 수 있는 보상 제공 ex) 돈, 기념품 등

❖ **홍보 방안**
- 유관 기관(산업통상자원부, 지자체 등)의 홈페이지 배너 및 보도자료 배포
- 일간 신문, TV, 라디오 등 전통적 매체의 기사제공을 통한 홍보
- 트위터, 페이스북 등 SNS 활용

④ 기대효과
❖ **피크시즌의 전력 사용량 감소**

- 전력 대용량 소비자들이 오디션을 치루는 기간만큼 전력 사용량이 대폭 감소
- 오디션이 끝난 이후에도 에너지 절약이 습관화되어 지속적인 전력 사용량 감소 예상

❖ **정부의 에너지절약 정책 홍보**

- 정부에서 추진하는 에너지절약 정책에 대한 일반인의 인식이 미흡하지만 본 오디션을 통해 정책과 관련된 다양한 정보 제공
- 일반 국민들도 손쉽게 에너지절약 정책을 알게 됨

❖ **에너지 절약에 대한 전 국민적 공감대 형성**

- 오디션에 참여하는 기업(기관)의 구성원을 중심으로 에너지절약의 필요성과 중요성을 실감
- 추후 오디션이 다양한 기업(기관)은 물론 산업과 가정 소비자에게까지 확대된다면 전 국민적으로 공감대 형성이 용이

아이디어 공모전 현황

* 2014년, 일반인 대상

공모전명	시상 내역	주최
공공데이터 활용 비즈니스 아이디어 공모전	상금: 200~800만 원 후속사업화 지원	산업통상자원부
사회공헌 혁신 아이디어 공모전	상금: 50만 원	한국경영자총협회
경영혁신을 위한 국민 아이디어 공모전	상품권: 30~300만 원	한국도로공사
바이오헬스분야 비즈니스 아이디어 공모전	상금: 30~100만 원 BI권리출원, BM도출, 시제품 지원	충북테크노파크
서울 사회적 경제 아이디어 대회	상금: 200만 원 프로젝트 실행비 지원	서울시
LED/OLED 조명 제품 아이디어 공모전	상금: 50~300만 원	한국광기술원
전통시장 및 상점가 이용활성화를 위한 대국민 참여캠페인	상금: 15~100만 원	소상공인시장진흥공단
대한민국 경제혁신 IDEA공모	상품: 휴대용 포토프린터, 온누리 상품권(5만 원), 쌀	기획재정부
지방공항 여유시설 개발 및 활용방안 아이디어 공모	상금: 20~200만 원	한국공항공사
생활 속 온실가스 줄이기 아이디어 공모전	상금: 100~400만 원	환경부
시장경제발전을 위한 연구논문 및 아이디어 공모전	상금: 20~300만 원	시장경제연구원
음식물 쓰레기 줄이기 공모전	상금: 10~300만 원	환경부
공공데이터를 요리하자	상금: 50~1,000만 원	경기도
열림나눔 아이디어 공모전	상금: 300만 원	삼성카드
우수 정보보호 인재양성 아이디어 공모전	상금: 20~300만 원	한국정보기술연구원
장애인가족지원 아이디어 공모	상금: 15~50만 원	서울시복지재단
신규 체육기금 지원사업 아이디어 공모전	상금: 50~300만 원	국민체육진흥공단
국민행복 법령 만들기를 위한 국민 아이디어 공모제	상금: 50~300만 원	법제처

공모전명	시상 내역	주최
D.I.Y 제안 공모전	상금: 50~1,000만 원	경기도
청소년 생활체육 활성화 공모전	상금: 50~100만 원	국민생활체육회
우리헌법 만들기 공모전	상금: 50~200만 원	법무부
갈등 유발 법령 · 제도 발굴을 위한 국민제안 공모	상금: 20~100만 원	국민대통합위원회
창조관광 아이디어 공모전	상금: 20~30만 원	한국경제신문
창조경제와 중소기업 바로 알리기 공모전	상금: 30~300만 원	중소기업중앙회
프랜차이즈 청년기업가 육성 우수 아이디어 공모전	상금: 100~300만 원	산업통상자원부
미래사회 시나리오 공모전	상금 : 100~300만 원	미래창조과학부
친환경 창조경제 아이디어 공모전	특허획득지원	환경부
미세먼지 저감을 위한 아이디어 공모	상금: 50~300만 원	환경부
창조관광사업 공모전	상금: 800만 원	문화체육관광부
저출산 극복을 위한 정책 아이디어 공모	상금: 10~300만 원	보건복지부
세종축제 아이디어 공모전	상금: 10~50만 원	세종특별자치시
지역사회 서비스 투자사업 아이디어 공모전	상금: 10~80만 원	경상남도
고객제안 공모	상금: 1~50만 원	KOTRA
건강정보 콘텐츠 발굴 아이디어 공모전	상금: 30~50만 원	건강보험심사평가원
신사업 창업 아이디어 공모전	상금: 50~300만 원	중소기업청
생활발명코리아	상금: 1,000만 원 특허출원,시제품제작비,전문가 멘토링	특허청
따뜻한 기술 아이디어 공모전	상금: 100~500만 원	산업통상자원부
지금보다 10배 빠른 인터넷 기가인터넷 활용 아이디어 공모전	상금: 100~500만 원	미래창조과학부
보험약관 이해도 제고 아이디어 공모전	상금: 500~300만 원	금융감독원
열린 청결주방 아이디어 공모전	상금: 10~300만 원	식품의약품안전처
스마트관광 ICT 공모전	상금: 100~3,000만 원	한국관광공사
방만경영 예방을 위한 혁신적인 아이디어	상금: 30~100만 원	코레일
밥 중심의 식생활 대국민 공모전	상금: 30~100만 원	농림축산식품부
국민아이디어 및 체험리포트 공모전	상금: 10~200만 원	중앙선거관리위원회
유망 해외 창업아이템 발굴 공모전	상금: 5~200만 원	소상공인시장진흥공단
여수 · 광양항 경쟁력 강화를 위한 국민 제안 공개모집	상금: 30~300만 원	여수광양항만공사

공모전명	시상 내역	주최
세상을 바꾸는 100만 원의 아이디어	상금: 200~1,000만 원	SK이노베이션
수원시민 창안대회	상금: 50~300만 원	수원시
전자무역 활성화 및 이용후기 공모	상금: 20~300만 원	KTNET
매력적인 농업 일자리 발굴 공모전	상금: 50~100만 원	농림수산식품교육 문화정보원
기술표준 아이디어 공모전	상금: 50~200만 원	국가기술표준원
미래부산 2030/시민 아이디어 공모전	상금: 10~300만 원	미래건설포럼
환경교육교구 아이디어 공모전	상금: 10~100만 원	환경부
중소기업 체험리포트 및 논문 공모전	상금: 100~500만 원	중소기업진흥공단
수원 환경교육 프로그램 공모전	상금: 20~80만 원	수원시
과학 아이디어 발명 공모전	상금: 5~200만 원	경기과학기술진흥원
대한민국 에너지 정책 제안대회	상금: 30~300만 원	한국원자력문화재단
중소기업 연구인력 확대방안 아이디어 공모전	상금: 20~100만 원	중소기업청
슈퍼컴퓨터 활용 아이디어 경진대회	상금: 30~100만 원	한국과학기술정보연구원
윤리적 소비 공모전	상금: 20~100만 원	사회적기업진흥원
소셜벤처 경연대회	상금: 100~1,000만 원	사회적기업진흥원
LASA 디스플레이 아이디어 공모전	상금: 10~300만 원	한국전자통신연구원
미래한국 아이디어 공모전	상금: 200~600만 원	기획재정부
친환경 에너지 타운 조성활성화를 위한 대국민 아이디어 공모전	상금: 50~300만 원	국무조정실
지역 비즈니스 아이디어 경진대회	상금: 100~200만 원	창조경제타운
국회도서관 발전을 위한 국민제안 공모	상금: 30~100만 원	국회도서관
무선이용 아이디어 공모전	상금: 50~200만 원	한국전파진흥협회
정부 3.0 문화데이터 활용 경진대회	상금: 50~300만 원	문화체육관광부
NEX-D 공모전	상금: 20~300만 원	미래창조과학부
경기도 평생학습 아이디어 공모전	상금: 20~100만 원	경기도
스마트 헬스케어 아이디어 공모전	상금: 100~400만 원	정보통신산업진흥원
농수산 유통구조개선 보완대책 공모전	상금: 50~200만 원	농림축산식품부
상상실현 창의 공모전	상금: 50~300만 원	KT&G
자영업 정책 국민 아이디어 공모전	상금: 30~200만 원	소상공인시장진흥공단
생활안전지도 아이디어 공모전	상품: 5~100만 원	안전행정부
서민금융 안정을 위한 아이디어 공모전	상금: 50~1,000만 원	경기도

: 부록 **아이디어 공모전 현황**

공모전명	시상 내역	주최
노령자 복지 플러스 아이디어 공모전	상금: 50~1,000만 원	경기도
동천사랑 정책아이디어 공모	상금: 10~200만 원	부산광역시
매력적인 농업 일자리 발굴 공모전	상금: 300~1,000만 원 창업자금지원	농림수산식품교육 문화정보원
자전거 안전 · 이용 활성화 아이디어 공모전	상금: 30~100만 원	안전행정부
세상을 바꾸는 IT 아이디어 공모전	상금: 300~1,000만 원 SK텔레콤과 사업화 연계	미래창조과학부
금융상품 아이디어 공모전	상금: 50~500만 원	한국투자저축은행
광주광역시 생활 속 인권개선 아이디어 공모	상금: 10~50만 원	광주광역시
창조금융 아이디어 공모전	상금: 50~1,000만 원	IBK기업은행
한국경제 콘텐츠 · 기획 공모전	상금: 50~300만 원	FKI미디어
터치기술 아이디어 공모전	상금: 100~500만 원	한국디스플레이 산업협회
아이디어 LG	매출의 4%	LG전자
삼성 투모로우 솔루션 공모전	상금: 100~1,000만 원 실현지현금: 1,000~4,000만 원	삼성전자

수상 경력

논문 공모전 (총 28개)

2000	한나라당 전국 대학(원)생 논문 공모전 우수상
2000	매일경제 · 한국EMC 공동주최 E-Biz 논문전 우수상
2001	웅진코웨이 · 한국환경협회 공동주최 전국 논문 공모전 금상
2001	소니코리아 IT논문 공모전 장려상
2001	증산도 사상연구소 논문 공모전 장려상
2001	한국정신문화연구원 사이버문화 논문 발표 논문 공모전 장려상
2002	웅진코웨이 · 한국환경협회 공동주최 전국 논문 공모 금상
2002	매일경제신문사 · WIFFY 공동주최 정보문예대전 장려상
2002	경향신문 에너지대상 대학(원)생 논문 부문 가작
2002	한국경제신문사 · 잡코리아 공동주최 HR 논문전 가작
2002	중소기업진흥공단 중소기업정책 연구 논문전 입선
2002	통합농협 2주년 기념 전국 대학(원)생 연구 논문전 가작
2002	매일경제 대학(원)생 연구논문 금융/보험 부문 우수작
2002	새마을금고 전국 대학(원)생 연구 논문전 장려상
2003	가구저널 전국 대학(원)생 논문 공모전 가작
2003	프로그램심의조정위원회 IT 법제연구 논문 공모전 우수작
2004	경북테크노파크 지역혁신정책 논문 공모전 우수상
2004	해피캠퍼스 논문현상 공모전 우수상
2004	파이낸셜 뉴스 Term Paper 일반부 입선
2004	국가보훈처 국가보훈 논문 공모전 우수상
2005	산업자원부 산업기술 공모전 장려상
2005	APEC 에세이 장려상
2010	벤처기업협회 벤처육성정책 논문 공모전 장려상
2011	중소기업청 사회적 책임 논문 공모전 우수상
2012	파이낸셜뉴스 10th Term Paper 현상 공모전 대상
2012	보령시 시책발굴 전국 논문 공모전 장려상
2013	시장경제연구원 시장경제발전을 위한 논문 현상 공모전 특별상
2015	IT서비스 학회 산업융합비즈니스모델 논문 공모전

기획서/아이디어 공모전 (총 59개)

2001	월드컵 · 아시안게임 아이디어 공모 우수상
2001	경기도청 실업대책 아이디어 공모 우수상
2002	인천국제공항 서비스 향상 제안 공모 동상
2002	한미은행 개점 10주년 서비스 제안 공모 3등
2002	경주문화관광진흥협회 관광 아이디어 우수상
2003	몰포유 쇼핑몰 아이디어 공모전 우수상
2003	서울시 Hi-Seoul 실버취업 아이디어 공모전 우수상
2003	영진닷컴 대학생 저자 공모전 장려상
2003	4060세대의 일자리 창출을 위한 국민적 아이디어 공모 가작
2004	세계문화오픈 열린 경영 사회문화/제안 발표
2004	대한민국고객만족경영대상 CS활동 및 체험수기 공모전 우수상
2005	한국철도공사 고객 서비스 제안공모 우수상
2005	삼천리㈜ 가스안전공모전 수기 부문 가작
2006	무궁화위성 아이디어 공모 가작
2006	한국지역난방공사 국민제안 공모 가작
2006	Coexmall 고객 아이디어 공모전 금상
2007	한국무역정보통신 전자무역 활성화 공모전 우수작
2007	산림청 산림환경증진 아이디어 공모전 우수상
2007	국민연금공단 제안 공모전 장려상
2007	한국간행물윤리위원회 2007 책읽기 아이디어 공모전 최우수상
2008	제천시 한방 및 영상산업 발전시책제안 공모전
2008	서울특별시도시철도공사 시민고객특별제안 공모 착안상
2008	고양국제꽃박람회 아이디어 공모전 우수상
2008	환경부 음식물류 폐기물 줄이기 공모전 장려상
2009	인천공항세관 국민 만족 서비스 과제 공모전 참가상
2010	대구세계육상선수권대회 문화행사 아이디어 공모전 은상
2010	부산인적자원개발원 창의 경진대회 장려상
2011	고용노동부 공생발전을 위한 아이디어 공모전
2011	KT 114 아이디어 공모전 우수상
2012	아라뱃길 아이디어 공모전 장려상

2012	경기도 정책제안 공모전 참가상
2012	매일경제신문 재테크 성공사례 공모전 장려상
2012	창업진흥원 연구원창업활성화 아이디어 공모전 최우수상
2012	에몬스 아이디어 공모전 장려상
2012	근로복지공단 근로복지사업 아이디어 공모전 선정
2012	소상공인진흥원 신사업 유망창업 아이디어 공모전 선정
2012	전국버스공제회 버스안전 아이디어 공모전 우수상
2012	국토해양부 늘푸른우리땅 공모전(스토리텔링 부문) 장려상
2012	중소기업진흥공단 중소기업 체험리포트 및 논문 공모전 우수상
2012	한국전자정보통신산업진흥회 한국형 복지 IT융합 아이디어 및 체험수기 공모전 장려상
2012	휴먼시티 수원 정책 아이디어 공모전 장려상
2012	한양대 발전 아이디어 공모전 장려상
2012	의정부시청 시정발전 아이디어 공모전 동상
2013	한국장애인개발원 장애인일자리 아이템 공모전 우수상
2013	안양시청 일자리창출 아이디어 공모전 우수상
2013	법제처 국민 행복 법령 만들기 아이디어 공모전 장려상
2013	에몬스 아이디어 공모전 장려상
2013	경북 관광 아이디어 공모전 은상
2013	한국여성과학기술단체총연합회 여름 전력난 이겨내기 아이디어 공모전 우수상
2014	기획재정부 대한민국경제혁신 IDEA 공모 장려상
2014	시장경제연구원 시장경제발전을 위한 아이디어 현상 공모전 특별상
2014	서울시복지재단 장애인가족지원 아이디어 공모전 장려상
2014	근로복지공단 대부 · 보증사업 고객제안 장려상
2014	AT센터 농수산식품 중국 수출 우수 아이디어 장려상
2014	소상공인시장진흥공단 해외유망창업 아이디어 경진대회 장려상
2014	전경련 출판기획경진대회 공모전 장려상
2014	KISTI 슈퍼컴퓨터 활용 아이디어 공모전 우수상

창업 공모전 (총13개)

2002 여주대학 실버용품 개발 아이디어 경진대회 동상
2002 숭실대학교 창업아이템 경연대회 우수상
2002 현대정보기술 신규사업제안 경연대회 최우수상
2003 여주대학 창업아이템 경진대회 장려상
2005 강남대학교 실버디자인 및 아이디어 공모전 장려상
2008 한국전자통신연구원(ETRI) 신사업 아이디어 공모전 우수상
2011 성균관대학교 창업 공모전 우수상
2012 KT New BM 아이디어 공모전 장려상
2012 지식경제부 · 에너지관리공단 기후변화 신사업 아이디어 공모전 최우수상
2012 한양대 글로벌 창업경진대회 대상
2013 코트라 글로벌 창업경진대회 장려상
2013 한국연구재단 창업경진대회 특별상
2014 한국산업기술진흥원 대한민국 기술사업화대전 우수상